O MODELO
TESLA

Michaël Valentin é diretor associado da Opeo, empresa de consultoria em excelência operacional. Tem experiência em gestão na indústria automotiva e como consultor na McKinsey & Company. Hoje acompanha pequenas e médias empresas e grandes grupos em sua transformação para a indústria do futuro. Reconhecido especialista no assunto, é autor de vários livros a respeito.

V156m	Valentin, Michaël.
	O modelo Tesla: do toyotismo ao teslismo: as estratégias disruptivas de Elon Musk / Michaël Valentin ; tradução: Júlia dos Santos Fervenza ; revisão técnica: Altair Flamarion Klippel. – 2. ed. – Porto Alegre : Bookman, 2023.
	xiv, 209 p. : il. ; 23 cm.
	ISBN 978-85-8260-594-3
	1. Administração – Liderança. 2. Inovação. I. Título.
	CDU 658.3

Catalogação na publicação: Karin Lorien Menoncin – CRB 10/2147

MICHAËL VALENTIN

O MODELO TESLA

DO TOYOTISMO AO TESLISMO: AS ESTRATÉGIAS DISRUPTIVAS DE ELON MUSK

2ª EDIÇÃO

Tradução
Júlia dos Santos Fervenza

Revisão técnica
Altair Flamarion Klippel
Doutor em Engenharia pelo PPGEM/UFRGS

Porto Alegre
2023

Obra originalmente publicada na França sob o título
Le modèle Tesla – Du toyotisme au teslisme – La disruption d´Elon Musk, by Michaël Valentin

Copyright (c) Dunod, 2020 for the 2ed. Malakoff

ISBN 978-2-10-080601-0

Gerente editorial: *Letícia Bispo de Lima*

Colaboraram nesta edição:

Editora: *Arysinha Jacques Affonso*

Leitura Final: *Leonardo Augusto Martins Vargas*

Capa: *Paola Manica | Brand&Book*

Editoração: *Matriz Visual*

Reservados todos os direitos de publicação, em língua portuguesa, à
BOOKMAN EDITORA LTDA., uma empresa do GRUPO A EDUCAÇÃO S.A.
Rua Ernesto Alves, 150 – Bairro Floresta
90220-190 – Porto Alegre – RS
Fone: (51) 3027-7000

SAC 0800 703 3444 – www.grupoa.com.br

É proibida a duplicação ou reprodução deste volume, no todo ou em parte, sob quaisquer formas ou por quaisquer meios (eletrônico, mecânico, gravação, fotocópia, distribuição na *web* e outros), sem permissão expressa da Editora.

IMPRESSO NO BRASIL
PRINTED IN BRAZIL

Agradecimentos

Este livro é uma aventura coletiva. Sua realização se deve à colaboração de muitas pessoas, incluindo colegas, líderes industriais, funcionários da Tesla e parceiros. Gostaria de agradecer a todas as pessoas que me apoiaram na gênese e na concretização deste livro, tanto na fase de reflexão, quanto nas análises de campo e na redação do manuscrito.

Em primeiro lugar, agradeço a Charles Bouygues, por sua ajuda e força na organização das entrevistas no Vale do Silício. Um agradecimento especial a Renan Devillières, por suas preciosas indicações sobre os meandros da "hibridização de *software*", a David Machenaud, por seu apoio, assim como a Raphaël Haddad, pela ajuda na organização da estrutura do livro.

Obrigado a todas as pessoas e empresas que aceitaram dar seu depoimento e me ensinaram muito, tanto no aspecto técnico quanto no humano.

Obrigado a meus sócios, que participaram indiretamente deste livro: Frédéric Sandei, Philippe Grandjacques e Grégory Richa.

Obrigado também a Odile Ricour e Adélaïde Lechat, pelo apoio; a Bidane Beitia, Laurène Laffargue, Soizic Audouin, Abir Bruneau, Denis Masse, Antoine Toupin, Robin Cellard, David Fernandez, Clément Niessen, Quentin Lallement, Hadi Mahihenni, Anass Khamlichi, Romain Pigé, Jean Baptiste Sieber, Sébastien Desbois, por seu apoio muito concreto no contato com a Tesla e com as empresas-referência da indústria do futuro.

Obrigado a Julie El Mokrani Tomassone, Esther Willer e Chloé Sebagh, por sua ajuda e entusiasmo na revisão, melhoria e divulgação do livro.

Por último, agradeço a Marie-Laure Cahier, por seu apoio indispensável na revisão final deste livro; a Guillaume Clapeau e a Aurélie Cauvin, por sua ajuda meticulosa em sua formatação prática; e a meu editor, Jean-Baptiste Gugès, pela confiança.

Apresentação à edição brasileira

Prezado leitor, seja bem-vindo à edição brasileira de *O modelo Tesla*. Este livro aborda temas profundamente atuais: a Indústria 4.0 e os veículos elétricos. Particularmente, são destacados os conceitos implantados por Elon Musk na empresa Tesla, fabricante de veículos elétricos localizada em San Carlos, Califórnia.

Observando-se a evolução tecnológica ocorrida ao longo dos anos, verifica-se que a Indústria 1.0 surgiu no final do século 18, com a máquina a vapor, que possibilitou a mecanização de diversas atividades. Já a Indústria 2.0, com a descoberta da eletricidade, no início do século 20, possibilitou a produção em massa e o nascimento do *taylorismo* e do *fordismo*. A Indústria 3.0, no início da globalização, nos anos 1960, foi uma decorrência da robotização e da informática industrial, coincidindo com o surgimento do *toyotismo*. Agora temos a Indústria 4.0, com fábricas inteligentes e flexíveis e a integração digital com os fornecedores.

A tecnologia evoluiu em uma espiral exponencial a partir do século XX, obrigando os fabricantes a inovarem constantemente. Elon Musk gerencia sua empresa instigando os colaboradores a desenvolverem inovações em seus produtos, propondo um modelo de gestão que integra o físico com o virtual, favorecido pelas redes sociais, que possibilitam o acesso instantâneo a produtos e serviços, e viralizando a informação.

Observando o modelo de gestão implantado na Tesla, pode-se considerar, provavelmente, o surgimento de um novo sistema de gestão – o *teslismo* –, composto por sete princípios articulados em três círculos concêntricos: um, estratégico, voltado para fora da empresa; outro, organizacional, voltado para dentro da empresa; e um terceiro, voltado para a capacidade de aprendizado rápido dos humanos e das máquinas, e que tem quatro grandes objetivos: i) inspirar o mundo com um projeto que transcende a própria empresa; ii) aprimorar o sistema operacional e as interfaces da empresa; iii) conectar digitalmente os serviços da empresa, seu ecossistema e seus clientes e iv) auxiliar as pessoas que trabalham na empresa a crescerem sempre, a cada dia, para que a empresa também possa crescer junto. Os sete princípios que compõem o modelo de gestão proposto pelo *teslismo* são:

Hipermanufatura (*hipermanufacturing*), referindo-se a empresa ser *"hipersimples para responder à raridade de recursos, empregando as tecnologias mais recentes, hiperágil e customizada, para responder à volatilidade e à diversificação da demanda e hiperconectada e aberta para o mundo, para gerar valor colaborativo."*

Integração transversal (*cross integration*), cujo objetivo *"é promover a integração de todas as funções na empresa, incluindo o cliente final, as funções da cadeia de suprimento, os diferentes papéis de cada um nos projetos e os agentes do ecossistema da empresa".*

Hibridização de *software* (*software hybridization*), pois "o *mundo do software está consumindo, pouco a pouco, todos os setores econômicos e permitindo que todas as cadeias de fabricação e distribuição se revolucionem internamente para oferecer melhor capacidade de resposta, melhorar a eficiência de atendimento e gerar valor, de uma forma ou de outra".*

Tração tentacular (*traction tentaculaire*) porque o modelo *"é uma versão da tração comercial clássica, ampliada pelo efeito de rede. As plataformas digitais, que funcionam como 'tentáculos', reúnem os mercados e facilitam uma relação sem intermediação entre produtores e consumidores, resultando em um crescimento muito mais rápido do que nos mercados tradicionais".*

Storymaking, porque este princípio *"se refere à capacidade de criar energia em torno de um objetivo motivador, tanto dentro da empresa quanto perante a sociedade, clientes e investidores."*

Liderança de *start-up* (*start-up leadership*) porque o modelo contempla *"um sistema e uma atitude gerencial que encorajam a criatividade e a iniciativa, dando mais responsabilidade para as equipes e, ao mesmo tempo,* *praticando um* coaching *regular para permitir que cada indivíduo se desenvolva e esteja em sintonia com a missão da empresa."*

Aprendizado humano e de máquina (*human and machine learning*) porque *"a inteligência de um sistema industrial permanece sempre uma aventura coletiva, baseada na capacidade das pessoas se desenvolverem, capitalizarem rapidamente e usarem as máquinas da melhor maneira possível para acelerar tudo que possa ser automatizado."*

Nos capítulos finais do livro, o autor sugere formas de implantar o modelo de gestão da Tesla em uma organização, focando no nível operacional e na importância da liderança. Para tanto, é feito um diagnóstico relacionando os sete princípios do *teslismo*, de forma a adaptá-los à realidade de cada organização.

Sem dúvidas, a Indústria 4.0, bem como os veículos elétricos, são uma realidade e, devido à espiral exponencial de evolução da tecnologia, organizações de vários segmentos industriais e de serviços deverão se adequar o mais rapidamente possível, a exemplo do que aconteceu com a implantação do *toyotismo*. Se não o fizerem, nos próximos anos tenderão a ser ultrapassados pelos seus concorrentes.

Desejamos que os leitores brasileiros tenham uma excelente e profícua leitura, utilizando os conceitos expostos nesta obra para gerar soluções nas dimensões tecnológica, de inovação e organizacional para suas respectivas organizações.

José Antonio Valle Antunes Júnior (Junico Antunes)
Doutor em Administração de Empresas pelo PPGA/UFRGS
Professor do mestrado e doutorado em Administração da Unisinos
CEO do Grupo Produttare

Altair Flamarion Klippel
Doutor em Engenharia pelo PPGEM/UFRGS
Mestre em Engenharia pelo PPGEP/UFRGS
Sócio-consultor da Produttare Consultores Associados

Rodinaldo Ferreira dos Santos
Mestrando em Engenharia de Produção e Sistemas pelo PPG/Unisinos
Superintendente de engenharia de produção na indústria automotiva

Sumário

Introdução. 1

O fim da Indústria 3.0: "Até aqui, tudo bem" 7
    Inovação e revoluções industriais: uma aceleração inevitável 7
    Cérebro humano e lei exponencial 10
    O paradigma da globalização feliz. 11
    Toyotismo: um modelo providencial 12
    Os limites do modelo. 14

Indústria 4.0: ruptura real ou falsa revolução? 19
    Os quatro novos desafios do mundo industrial 19
    Os falsos bons argumentos daqueles que duvidam 22
    A Indústria 4.0: a falta de uma disrupção organizacional 24
    Teslismo: modelo organizacional para a Indústria 4.0? 27

Os sete princípios do teslismo. 31

Princípio nº 1 — Hipermanufatura 33
    O que é hipermanufatura? 34
    Lean, *just in time* e valor agregado 35
    O "hiper": adaptar o *lean* ao Novo Mundo 37

O que a Tesla nos ensina 44
    Depoimento da Kimberly Clark 48
    Hipermanufatura:
    10 perguntas que um líder deve fazer a si mesmo 51

Princípio n° 2 — Integração transversal 53

O que é integração transversal? 54
A obsolescência programada do mastodonte desarticulado 55
A era da integração quádrupla 56
O que a Tesla nos ensina 60
    Depoimento da Sew-Usocome 64
    Integração transversal:
    10 perguntas que um líder deve fazer a si mesmo 68

Princípio n° 3 — Hibridização de *software* 71

O que é hibridização de *software*? 72
O nascimento do *software* industrial 73
Software: o novo DNA do sistema 75
A hibridização de *software* no design 75
A hibridização de *software* na produção 76
A hibridização de *software* no relacionamento com o cliente 77
A hibridização de *software* de uma ponta à outra da cadeia 78
O que a Tesla nos ensina 78
    Depoimento da Socomec 81
    Hibridização de software:
    10 perguntas que um líder deve fazer a si mesmo 85

Princípio n° 4 — Tração tentacular 87

O que é tração tentacular? 88
Os fluxos em formato de estrela tomam o lugar dos fluxos lineares . 88
O fluxo pulsado toma o lugar do fluxo puxado 90
Os tentáculos: um novo modelo de crescimento transetorial 91
As plataformas na indústria: um conceito vago 94

Interoperabilidade, uma base essencial para a
plataformização industrial 95
Lógica de plataforma: um modo de pensar que
transcende o modelo de negócios tradicional 96
O que a Tesla nos ensina 97
    Depoimento da GE Digital Foundry *100*
    Depoimento da Luxor Lighting *103*
    Tração tentacular:
    10 perguntas que um líder deve fazer a si mesmo *106*

Princípio nº 5 — *Storymaking* **107**
O que é *storymaking*? 108
Da promoção do produto a uma história inspiradora para todos . 108
O ROI está morto. Longa vida à visão! 109
O chefe midiático: *cool* por fora, firme por dentro 110
A volta do chefe-técnico 111
O que a Tesla nos ensina 112
    Depoimento da ALFI Technologies....................... *116*
    Storymaking:
    10 perguntas que um líder deve fazer a si mesmo *120*

Princípio nº 6 — Liderança de *start-up* *121*
O que é liderança de *start-up*? 122
Do sistema de pirâmide à kaizenocracia 122
Liderança no modo *start-up*: um novo sistema de gestão 124
Liderança no modo *start-up*: novos comportamentos gerenciais .. 130
O que a Tesla nos ensina 132
    Depoimento da ThyssenKrupp Presta France *133*
    Liderança de start-up
    10 perguntas que um líder deve fazer a si mesmo *138*

Princípio n° 7 — Aprendizado humano e de máquina **139**
    O que é aprendizado humano e de máquina? 140
    A cada revolução industrial, a relação do ser humano
    com o trabalho evolui 140
    O aprendizado durante toda a vida 141
    Um ótimo lugar para aprender 143
    Aprendizado de máquina: hibridização com as máquinas 144
    Testar e aprender: uma mentalidade para aprender e
    capitalizar coletivamente 145
    O que a Tesla nos ensina 146
        Depoimento da Bosch *149*
        Aprendizado humano e de máquina:
        10 perguntas que um líder deve fazer a si mesmo *152*

O avanço da Indústria 4.0 .... **155**
    A Quarta Revolução Industrial chegou 155
    Os três círculos concêntricos do teslismo: um modelo sistêmico ... 157
    O modelo dos três círculos não é específico da Tesla 159
        Depoimento da Michelin *160*
        Depoimento da Mars, MyM&M's® *163*

Como implementar o modelo Tesla em sua organização **167**
    Diagnósticos 167
    Como criar uma estratégia de *storymaking* personalizada 179
    Implementação 189

Conclusão **199**

Referências **205**

Índice **207**

Introdução

Nos últimos anos, o mundo das fábricas vem sendo dominado por uma poderosa onda de mudanças: a hibridização gradual da indústria com o digital e, consequentemente, o nascimento de um novo paradigma, no qual serviços e produtos se combinam e se interligam em resposta às novas características da demanda do século XXI. Influenciado pelo *smartphone*, que se tornou um apêndice de seu cérebro, o consumidor contemporâneo converteu-se em usuário hiperconectado, cujas demandas estão indexadas às do mundo imaterial: instantaneidade, conforto no uso, customização, colaboração, compartilhamento e responsabilidade, entre outras.

A indústria e a economia como um todo devem enfrentar os grandes desafios importados da esfera digital. O primeiro desafio é a aceleração cada vez maior do progresso tecnológico, que demanda um aumento do nível das competências de todo o setor industrial. O segundo é o fenômeno da disrupção, que faz com que novos agentes ocupem uma fatia muito significativa de um mercado com um modelo de negócio disruptivo. Isso gera uma forma de hiperconcentração de valor, talentos e recursos, que se traduz em oportunidades significativas para alguns e, inversamente, na necessidade de grande vigilância por parte dos demais agentes, tudo em meio a riscos de tensões sociais, geográficas e ambientais. Essas rupturas muito profundas, tanto tecnológicas quanto econômicas e sociais, encorajam alguns a falar em uma nova revolução industrial, a quarta na história. Podemos nos perguntar por que focar na indústria, setor que atualmente representa apenas 16% do PIB mundial e cuja participação está em queda constante na maioria dos países ricos. Essa questão é, na verdade, significativa, pois esses 16% geram

70% das exportações e 77% dos esforços de pesquisa e desenvolvimento (P&D) do mundo[1].

Cientes desses novos desafios, as principais nações industrializadas foram gradualmente lançando iniciativas de apoio a uma estratégia nacional, voltada para o investimento, a inovação, a formação e a estruturação de setores estratégicos. A pioneira nesse processo foi a Alemanha, com seu plano Indústria 4.0, em 2011, que provocou uma reação em cadeia no mundo, levando todas as principais nações industriais a seguir o mesmo caminho. Na França, por exemplo, a esfera pública promoveu muitas mudanças nesse sentido, tanto local quanto nacionalmente. Os sucessivos planos de diferentes governos levaram à criação da Aliança para a Indústria do Futuro[2] e do Conselho Nacional da Indústria[3], que reúnem iniciativas em nível nacional. A maioria das regiões francesas também entrou de cabeça nesse processo, lançando programas de apoio à indústria do futuro, destinados a auxiliar os negócios a se transformar, estruturar sua malha de fornecedores de soluções e criar redes entre líderes. Os grandes sindicatos profissionais oferecem auxílios direcionados ao apoio da mudança no setor. Em nível territorial, não é raro que as câmaras de comércio e de indústria francesas ativamente proponham catálogos de soluções adaptadas ao cenário local. Por fim, o Banco Público de Investimento da França (Bpifrance) oferece incentivos a fim de apoiar o crescimento das pequenas e médias empresas mais promissoras, bem como um *hub* — espaço para conectar aqueles que buscam soluções com as *start-ups* que podem criá-las. Como podemos ver, o cenário geral já está bem encaminhado. Contudo, ainda que a França tenha dezenas de milhares de empresas industriais, apenas umas 30 delas podem ser consideradas referências da indústria do futuro.

---

[1] McKinsey Global Institute, *Manufacturing The Future: The next era of global growth and innovation*, novembro de 2012.

[2] N. de T. A organização Alliance Industrie du Futur, oficialmente criada em 2015, visa a acompanhar as empresas francesas, em especial as pequenas e médias empresas, na modernização de suas ferramentas industriais e na transformação de seus modelos econômicos por meio de novas tecnologias.

[3] N. de T. Criado em 2010 sob nome Conférence Nationale de l'Industrie, o Conseil National de l'Industrie tem como objetivo informar e aconselhar o poder público francês sobre a situação da indústria em nível nacional, territorial e internacional. Ele reúne empresas e seus representantes para tratar de temas estratégicos, como formação, inovação, financiamento das empresas e desenvolvimento internacional.

De maneira geral, há uma grande discrepância entre os esforços empreendidos por todos os agentes do mundo industrial, públicos ou privados, e os resultados mensuráveis desses esforços. No nível macroeconômico, o PIB industrial e a criação de empregos industriais estão começando a decolar, ao passo que, no nível microeconômico, a velocidade de transformação das empresas parece não acompanhar o ritmo das mudanças. As pesquisas recentes sobre essa questão são esclarecedoras: em uma enquete do Bpifrance Le Lab, realizada em 2017, na França, na qual foram consultados 1.800 líderes de empresas[4], 70% deles consideram estar avançando, mas apenas 10% pensam estar indo rápido o suficiente. O que se diz sobre a França vale também para o resto do mundo. Outra pesquisa recente da PwC, realizada com 1.293 CEOs em 87 países para o Fórum Econômico Mundial[5], mostra que 76% dos CEOs estão extremamente preocupados com a velocidade da mudança tecnológica e com a disponibilidade de competências para lidar com ela, ao passo que 32% deles estão convencidos de que seu setor acabará sofrendo disrupção.

Como, então, reverter essa tendência e acelerar o movimento? Há, pelo menos, três explicações para a discrepância percebida entre a velocidade do progresso e a rapidez com que cada empresa se adapta a essa realidade.

Por um lado, pensar em modo exponencial não é natural para o ser humano. De fato, a maioria das leis naturais que governam nosso cotidiano é linear, e nosso cérebro, portanto, está acostumado a essa forma de pensamento há milênios. Se o fenômeno do progresso tecnológico exponencial já é difícil de ser concebido por um único indivíduo, isso se torna ainda mais difícil na escala de toda uma empresa.

Por outro lado, poucas empresas já conseguiram definir uma metodologia adequada para fazer a transição do Velho para o Novo Mundo. Fica claro que a magnitude das mudanças que esse Novo Mundo pede não permite improvisos: investir está longe de ser suficiente para otimizar o uso da tecnologia. Tratamos essa questão no livro *The Smart Way*[6] em 2017, que conta a história de um empreendedor que direciona seu negócio para a indústria do futuro.

---

[4] Bpifrance Le Lab, *Dirigeants de PME et ETI face au digital*, 17 de janeiro de 2018.

[5] PwC, *21st CEO Survey*, 2018.

[6] Valentin Michaël, *The Smart Way. Excellence opérationnelle, profiter de l'industrie du futur pour transformer nos usines en pépites*, Lignes de Repères, 2017.

Por fim, a última explicação é a ausência de um modelo que sirva de guia. Qual estratégia adotar? Qual sistema operacional? Qual sistema de gestão? Qual organização? Em segundo plano surgem, ainda, três grandes questões: como encontrar caminhos para o crescimento em um mundo que está em constante transformação e no qual a própria noção de setor já não faz mais sentido? Como não ser "disruptado"? Por último, como atrair pessoas talentosas e garantir sua permanência?

Toda revolução industrial se baseia em três motores: progresso tecnológico revolucionário, novas necessidades na sociedade e um modelo de organização que se adapte ao novo contexto, garantindo que o progresso técnico conduza a um desenvolvimento econômico mensurável. Foi assim que o fordismo se destacou no âmbito da Segunda Revolução Industrial, apresentando enormes aumentos de produtividade. Na Terceira Revolução Industrial, o toyotismo se destacou pelas melhorias significativas na capacidade de resposta. Contudo, a Quarta Revolução Industrial permanece, no momento, sem um verdadeiro referencial. É evidente que o setor dos *pure players* do digital, Google, Apple, Facebook e Amazon (GAFA), estão repletos de líderes natos e, portanto, de exemplos a serem seguidos. Porém, no setor industrial e manufatureiro, nenhum agente tem reconhecimento suficiente de seus pares para que seu sistema se torne uma locomotiva da mudança.

Dito isso, a questão-chave é a seguinte: quem será a Toyota da Indústria 4.0?

O intuito deste livro é compartilhar a convicção de que a Quarta Revolução Industrial já está ocorrendo e de que está surgindo um sistema capaz de tirar o máximo proveito dela. Esse sistema, que será o catalisador da transformação da Indústria 3.0 em um setor híbrido de digital e indústria, é o criado por Elon Musk, o carismático e polêmico líder da Tesla, famoso ícone industrial de São Francisco. A Tesla carrega dentro de si os genes desse Novo Mundo. Nasceu no berço e na cultura do digital, com uma estrutura de *start-up* tecnológica. Realizou a façanha de rivalizar com a Ford, a Renault e a General Motors em termos de capitalização de mercado, afirmando-se gradualmente como fabricante no tão emblemático setor automobilístico, num país em cuja indústria não havia nenhuma novidade desde o início do século XX. O modelo da Indústria 4.0 só poderia vir de um novo agente, pertencente a dois mundos — o digital e o industrial. Para além dessa observação em nível macro, este livro convida o leitor a conhecer os detalhes do teslismo, um sucessor do toyotismo, e buscar entender como ele responde aos desafios da Indústria 4.0 baseando-se em sete princípios básicos.

Como qualquer sistema, o de Elon Musk está longe de ser perfeito e, em muito aspectos, está bastante suscetível a críticas. Seria, portanto, simplista limitar o teslismo à Tesla Company. É, aliás, esse o discurso que o próprio Elon Musk sustenta sobre o papel que sua empresa desempenha na sociedade: "O impacto da Tesla em si não é necessariamente significativo, mas a Tesla provavelmente incentivará todos os outros fabricantes do mundo a investir massivamente em programas de veículos elétricos"[7]. É importante dizer que o objetivo deste livro não é fazer propaganda da marca, e sim incentivar que todos tenham um panorama geral da questão e reflitam sobre os princípios básicos associados ao modelo Tesla, que podem auxiliar na orientação das organizações do futuro, adaptando-se a cada caso. Foi pensando nisso que decidimos incluir depoimentos de outras empresas industriais de ponta na análise de cada um dos princípios descritos neste livro, bem como uma lista de reflexões sobre as quais cada leitor poderá meditar individualmente para adaptar o modelo Tesla ao seu próprio contexto.

---

[7] Fabernovel, Tesla, *Uploading the future*, 2018.

O fim da Indústria 3.0: "Até aqui, tudo bem"

Houve um período, não muito tempo atrás, em que as empresas falavam de "globalização feliz". A explosão dos transportes e a fragmentação mundial das cadeias de suprimento e das instalações industriais — cuja localização passou a ser determinada pelo custo do trabalho — progressivamente geraram uma corrida pela expansão das empresas visando à economia de escala, em um contexto de liberalização do comércio e do mercado financeiro. O toyotismo, posteriormente chamado de *lean manufacturing* — ou "manufatura enxuta", em português —, surgiu como um modelo de organização adaptado à sua época, uma vez que promovia um aumento da qualidade e uma redução do tempo de produção dos estoques, o que, consequentemente, diminuía a necessidade de capital de giro. Contudo, a entrada na era digital começou a desestabilizar esse modelo, algo que passou despercebido para muitos. O modo de funcionamento das empresas industriais bem estabelecidas foi desafiado por uma série de fatores, incluindo a demanda por imediatismo, transparência e propósito, a aceleração exponencial das tecnologias, que abala as bases de competência tradicionais, e a chegada de novos concorrentes do universo digital.

Inovação e revoluções industriais: uma aceleração inevitável

O *Homo erectus* surgiu há 1 milhão de anos. Ele caminhava sobre os dois pés e aos poucos aprendeu a usar os braços, distinguindo-se definitivamente da maioria dos animais. Novecentos mil anos depois, é a vez do *Homo sapiens* entrar em cena e começar a transformar materiais, o que mais tarde levaria à criação das primeiras ferramentas. Noventa mil anos depois, o ser humano começava a criar animais e a cultivar a terra. Nove mil anos depois, é a imprensa que vai mudar para sempre a comunicação, conectando gerações. Setecentos anos depois, vem a máquina a vapor, em um processo que logo viria a ser conhecido como Primeira Revolução Industrial e que, na realidade, marca o início de uma forma de progresso perceptível para os humanos. É a partir desse momento que os grandes avanços científicos começam a ser tão frequentes que pais, filhos e netos passam a vivenciar o mundo de jeitos muito diferentes. O termo "ruptura" é apropriado para descrever os três grandes períodos que vieram em seguida, pois todos eles foram marcados por um processo que vai muito além das mudanças técnicas, criando novas formas de trabalho e respondendo sistematicamente às necessidades recém-surgidas na sociedade, fossem elas econômicas ou sociais. Na Primeira Revolução Industrial, ao final do século XVIII, a questão principal era responder à demanda de infraestrutura, isto é, melhorar os edifícios e ampliar o transporte de pessoas e mercadorias. A máquina a vapor possibilitou a mecanização das tarefas, que levou a novas formas de trabalho em que o ser humano aprendeu a trabalhar com a máquina, com todas as consequências sociais que isso traz. Como não pensar na *Besta humana* de Émile Zola?

A próxima parada na linha do tempo do progresso industrial é a Segunda Revolução Industrial, que ocorreu cem anos após a primeira. Do ponto de vista científico, considera-se que ela foi desencadeada pela descoberta da eletricidade. Contudo, novamente, suas consequências vão muito além da invenção por si só. A eletricidade possibilitou a reorganização das fábricas, com a substituição da máquina a vapor central por uma série de pequenas máquinas independentes, que funcionam por eletricidade. Assim nasceu a linha de produção e, com ela, enormes ganhos em produtividade, compatíveis com a demanda em massa no início do século XX. No campo social, essa revolução foi acompanhada de um novo imaginário coletivo, simbolizado pelo famoso filme de Charles Chaplin, *Tempos modernos* (1936). Conhecido como "trabalho na linha de montagem", a que o mundo estava assistindo era, na realidade, o início do fordismo, um modelo de organização baseado nos princípios desenvolvidos pelo engenheiro Frederick W. Taylor, que permitiram aumentar a eficácia do trabalho em 10 vezes, graças à especialização das tarefas. Sessenta anos depois, uma revolução mais discreta aconteceu aos poucos. No processo gradual de globalização, o primeiro computador abriu as portas para a robótica e para a automatização de tarefas. Essas inovações vão rapidamente superar as capacidades do cérebro humano de realizar tarefas repetitivas que demandam um grande poder de processamento. Baseada na Lei de Moore — conhecido engenheiro que inventou o microprocessador da Intel e previu que sua capacidade de memória dobraria a cada 18 meses —, essa nova revolução industrial fez com que, pela primeira vez, o ser humano tomasse consciência de que o progresso poderia tornar-se exponencial. A estimativa de Moore revelou-se relativamente prudente, já que, 50 anos mais tarde, sua lei "fator de dois" permanece válida e tem significado um progresso permanente da capacidade de memória, armazenamento e cálculo. Se prestarmos atenção na rapidez com a qual as diferentes invenções humanas sucederam umas às outras, fica difícil não ver uma lei exponencial: o *Homo erectus*, há 1 milhão de anos; o *Homo sapiens*, há 100.000; a agricultura, há 10.000 anos; a imprensa, há 600 anos; a máquina a vapor, há 300 anos; a eletricidade, há 100 anos; a informática, há 40 anos... e hoje temos o *smartphone* (Figura 1.1)!

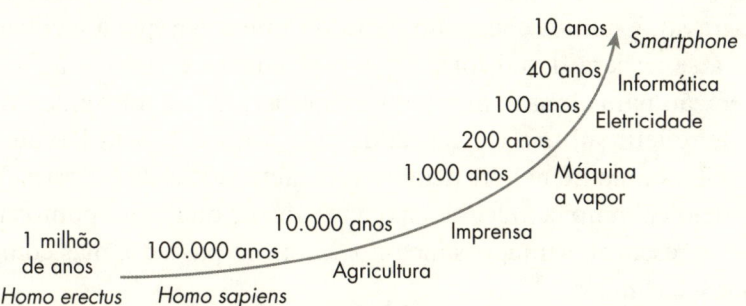

FIGURA 1.1 O ser humano e o progresso técnico.
Fonte: Opeo.

Cérebro humano e lei exponencial

Estamos todos habituados a vivenciar os acontecimentos de forma linear. É assim que nossa vida se desenrola e é assim que nosso cérebro aprende, pouco a pouco, todos os dias. Para compreender a dificuldade que o ser humano tem de se apropriar de uma lei exponencial, podemos usar como exemplo a lenda do rei Balhait, na Índia Antiga. Um dia, entendiado, o rei decide organizar uma competição: quem conseguisse trazer-lhe uma boa distração receberia uma maravilhosa recompensa. Um sábio chamado Sessa decidiu aceitar o desafio, com segundas intenções. A lenda conta que ele inventou o jogo de xadrez e ofereceu-o ao rei. O soberano ficou encantado e disse a Sessa que lhe daria o que quisesse, em troca desse presente extraordinário. Então, Sessa pediu ao rei que depositasse um grão de arroz na primeira casa do tabuleiro de xadrez, dois na segunda, quatro na terceira, e assim sucessivamente até a última casa. Contudo, ao tentar pagar a dívida, o conselheiro do rei rapidamente se deu conta de que todo o arroz do reino não seria suficiente para preencher sequer a metade do tabuleiro. O rei entendeu, então, que havia sido enganado e condenou à morte Sessa, que terminou seus dias como uma das primeiras vítimas colaterais de uma lei exponencial muito mal compreendida pelos humanos. Essa lenda mostra como é difícil para o cérebro humano conceber uma lei exponencial. Ainda assim, vivemos uma época, a que escolhemos chamar Indústria 3.0, regida pelo princípio de progresso exponencial. Isso pode explicar as sensações de indefinição e de mal-estar coletivo diante da velocidade do progresso. Estamos chegando perto do ponto em que a inclinação da curva se acelera de tal forma que o progresso é visível não só de uma geração para a outra, mas também no período de uma única vida. Antes de refletir sobre a existência de uma nova e Quarta Revolução Industrial, examinaremos em detalhe as características da Indústria 3.0: um modelo econômico, tecnológico e organizacional com pontos fortes, que apresentou vantagens incomparáveis no passado, mas começa a atingir seus limites.

O paradigma da globalização feliz

A partir do fim da Segunda Guerra Mundial, o Ocidente se reconstrói e transiciona gradualmente de uma economia essencialmente agrícola para uma economia industrial e, em seguida, volta-se para o setor terciário.

Impulsionado pelos recursos petrolíferos cada vez mais abundantes e por barreiras alfandegárias cada vez menos restritivas, o comércio mundial intensificou-se a partir da década de 1960. O transporte de pessoas e, logo em seguida, de mercadorias, foi se democratizando e crescendo ano após ano, principalmente depois da queda do Muro de Berlim, em 1989. O tráfego aéreo é um bom termômetro dessa tendência geral: de 10 milhões de passageiros em 1950, passou para 500 milhões em 1970, seguido de 3 bilhões em 2010[1]. O custo do transporte está, portanto, diminuindo, e está cada vez mais fácil produzir uma mercadoria longe do local onde ela será consumida. De fenômeno anedótico, a realocação passou a ser massiva nos principais países industrializados a partir da década de 1980, favorecida especialmente pela emergência de países asiáticos, começando pela China. Com o surgimento da computação industrial, a fragmentação de cadeias de suprimentos permite que produtos cada vez mais elaborados sejam fabricados em cinco continentes com cadeias muito complexas de produção e de transporte, dos componentes até o produto final. Mesmo que a montagem final não seja necessariamente realocada, hoje é comum que mais de 50% de todo o valor acrescentado seja "exportado" para outro lugar que não o mercado onde um bem é consumido, mesmo quando se trata de produtos de alta tecnologia. As transações comerciais estão disparando e as cadeias de suprimentos estão sendo atomizadas, aumentando cada vez mais as distâncias de transporte de componentes e subconjuntos industriais.

A liberalização do mercado financeiro amplifica esse processo, e a circulação do capital permite a criação de grupos polimórficos que se conectam e se desconectam de acordo com movimentos muitas vezes sem ligação com a economia real. Setores inteiros da indústria

---
[1] Fonte: Organização Internacional da Aviação Civil.

manufatureira tradicional estão desaparecendo dos países ocidentais. A indústria têxtil, por exemplo, está se tornando totalmente *offshore*, seguida por outros bens de consumo básicos, como brinquedos e produtos eletrônicos. A manufatura integrada sem fábrica, conhecida como *fabless*, que ficou famosa com Serge Tchuruk quando ele era presidente da Alcatel, tornou-se muito popular na Europa: por que continuar a produzir localmente bens com margem de comercialização reduzida em um setor que está em constante renovação? O valor de uma empresa está se tornando cada vez menos vinculado ao valor de seus ativos de fabricação, cuja escolha de localização está cada vez mais atrelada ao diferencial de custo do trabalho entre países emergentes e desenvolvidos.

O modelo estratégico dominante — baseado em uma corrida pelo crescimento para amortizar os custos de estrutura e em uma fragmentação das cadeias de suprimentos para tirar proveito das diferenças de custos de mão de obra entre as regiões do mundo — possibilita alcançar economias de escala e criar valor com um funcionamento geral ideal. Esse crescimento pode ser feito organicamente ou por meio de aquisições, mas sempre passa por uma corrida pelo crescimento, que se materializa por meio de uma estratégia de agregação de ativos. Há um aumento gradual da interdependência entre os agentes das diferentes cadeias. Cada agente visa, então, à excelência em seu ramo de atividade básica — ou *core business* —, para preservar suas margens.

Toyotismo: um modelo providencial

Os consumidores, os acionistas e os funcionários tornaram-se cada vez mais exigentes. O consumidor demandava mais customização, agilidade e pontualidade dos produtos que comprava. Essa pressão gerava um aumento do risco de falhas logísticas nas cadeias de produção e desafiava a capacidade de resposta das fábricas. Paralelamente, estruturas acionistas foram mudando com o surgimento dos fundos de pensão. A demanda por rentabilidade de curto prazo e a aversão ao risco aumentaram, o que induziu uma pressão cada vez mais forte para reduzir o capital de giro. Por fim, com a evolução da sociedade, aumentaram cada vez mais as demandas do funcionário da Indústria

3.0 para que suas ideias fossem ouvidas e para que ele tivesse uma formação contínua.

O conjunto desses três elementos encorajou a maior parte das empresas a questionar seu modelo.

A automatização e a robotização inauguraram a possibilidade de reduzir tarefas trabalhosas e repetitivas e atenderam parcialmente à demanda de lucratividade de curto prazo. Muitas empresas também começaram a implementar o Planejamento de Recursos da Empresa (ERP, do inglês *Enterprise Resource Planning*), que permite que as várias funções compartilhem uma certa quantidade de dados externos do mercado ou dados internos do processo geral de fabricação, com o objetivo de tornar a cadeia de suprimentos mais robusta.

Ainda assim, faltava à Indústria 3.0 um modelo organizacional que permitisse a gestão de grandes empresas de cadeias de suprimento complexas sem que isso significasse custos demasiadamente elevados para o capital de giro ou comprometesse a qualidade do serviço para o cliente final. É a partir dessas necessidades que surgiu um sistema cujos princípios de funcionamento rompem com os do período anterior (taylorismo). Estamos falando do toyotismo, rebatizado posteriormente de *lean manufacturing*. Para responder aos três desafios descritos anteriormente, o toyotismo promoveu o conceito de valor agregado, de acordo com o qual o cliente final está no centro de todas as práticas internas. Ele se baseia em três sistemas. O primeiro é um sistema de controle *just in time*, "na hora certa", que atende à demanda de redução do capital de giro por meio da redução dos estoques. O segundo, um sistema de gestão da qualidade baseado na ideia de fazer *certo na primeira vez*, que visa a garantir uma qualidade de serviço excelente a um custo menor. O terceiro e último é um sistema de gestão participativa que possibilita a otimização de todos os cérebros da empresa, incluindo o dos operadores, e não mais apenas os de gerentes e engenheiros.

Nas décadas de 1980 e 1990, o mundo descobriu o modelo Toyota, que por 40 anos penetrou em todas as áreas da economia e permitiu ganhos consideráveis em custos, prazos de fabricação e nível de qualidade dos produtos. Esse modelo permanece bastante atual, visto que ainda hoje os três desafios associados às demandas dos consumidores, acionistas e funcionários da Indústria 3.0 persistem na maioria dos setores. Então por que mudar o modelo?

Os limites do modelo

Como em qualquer transição entre dois mundos, a mudança não acontece da noite para o dia, não basta apertar um botão: os referenciais dos dois mundos vão coexistir. Assim, mesmo que os referenciais da Indústria 3.0 ainda sejam amplamente aplicados, vemos que muitas grandes evoluções começam a tomar forma, e há uma tomada de consciência mais ou menos rápida, dependendo do setor de atividade e do percurso de cada agente industrial.

Entre essas mudanças, a mais marcante, sem dúvida, é a expansão das redes sociais, que permitem, por um lado, o acesso instantâneo às informações sobre um produto, uma marca, um serviço e, por outro, a viralização da informação. Uma das consequências das redes sociais é que agora é comum que o cliente se considere no direito de exigir transparência de todos os agentes de uma cadeia industrial, de uma ponta à outra. Gera-se, portanto, uma tensão no modelo da Indústria 3.0, voltada para a otimização global dos custos de produção por meio da escolha do local das instalações industriais baseada em dois parâmetros: custo do transporte e custo do salário local. Isso cria uma tensão entre o simples objetivo de lucro e a manutenção da imagem em relação às condições de trabalho, à rastreabilidade de matérias-primas, às condições ambientais ou, ainda, ao regime fiscal dos países em que os produtos são fabricados.

Para além desse aspecto de puro respeito de condições éticas mínimas por parte dos agentes industriais, as gerações Y (ou *millennials*) e Z, que aos poucos estão chegando ao mercado de trabalho, demandam muito mais propósito em relação a seu trabalho do que as gerações anteriores. O olhar do público se torna cada vez mais crítico em relação à escolha do local das instalações industriais, dos centros de desenvolvimento ou dos centros de suporte, e junto a isso vemos uma forma de retorno ao "chauvinismo", em nível tanto nacional quanto regional. Esse aspecto se mostra especialmente presente na dicotomia que opõe cada vez mais as grandes metrópoles globalizadas e as "periferias", nas quais os cidadãos se sentem muitas vezes abandonados pelas políticas públicas. A Indústria 3.0 fez com que essas periferias competissem entre si, quando historicamente a periferia era fornecedora de matérias-primas e alimentos processados para uma metrópole responsável pela redistribuição e administração. A cidadezinha de Iowa, nos Estados Unidos, ou o departamento de Creuse, na França, por exemplo, eram responsáveis pela "terceirização" da maioria das atividades manuais e industriais para a cidade grande mais próxima, e, em troca, essa última administrava o sistema de educação e a redistribuição de impostos sobre o consumo desses mesmos produtos — sistema no qual, de maneira geral, todos saem ganhando. Hoje, essas mesmas cidadezinhas estão competindo com cidades de médio porte no México, na Europa do Leste ou na Ásia. Isso ocorre porque a Indústria 3.0 tornou possível uma forma de terceirização *offshore* totalmente desvinculada de qualquer tipo de relacionamento baseado em proximidade envolvendo confiança política. Não é de se espantar, portanto, que as pessoas se mostrem menos tolerantes com relação a um modelo que causa desequilíbrio entre as regiões e provoca tensões, algo que se refletiu recentemente nos resultados das urnas de vários países ricos.

Essa exigência de ética em relação às empresas de modo geral volta-se também a seus acionistas. A liberalização dos mercados financeiros foi acompanhada por um grande período de diluição do capital envolvendo arranjos financeiros complexos. Esse processo foi claramente desacelerado pela crise financeira de 2008, durante a qual o mundo todo percebeu que o sistema poderia sair fora de controle, sem que isso tivesse uma ligação aparente com a economia real. Essa ruptura provocou uma dupla reação: por um lado, uma volta à apreciação do valor "físico e concreto" do qual a indústria é um dos porta-vozes e, por outro lado, uma certa desconfiança com acionistas com comprometimento de muito curto prazo ou com interesses considerados desvinculados do próprio negócio ou de seus funcionários, focados no simples retorno financeiro. A história industrial está repleta de exemplos de fábricas compradas várias vezes seguidas por fundos com intenções de desenvolvimento de mais ou menos longo prazo que acabaram sendo forçadas pelo *leverage buy out* (LBO) a atacar o "cerne" do aparelho industrial, negligenciando necessidades básicas de manutenção e investimento em modernização. Com a aceleração das tecnologias, esse tipo de estratégia, que poderia funcionar um ou dois anos sem maiores consequências, torna-se visível muito mais rapidamente. O fundo de investimento "ganancioso", portanto, já não tem mais boa fama e também contribui para uma forma de rejeição do sistema como um todo por parte de muitas pessoas.

Outra mudança importante é o fato de o mundo da economia digital estar gradualmente exportando seu modelo para outros setores. Em especial, esse fenômeno reflete uma característica específica das trocas imateriais: a exigência de imediatismo nas transações. No mundo industrial, a informação sempre acaba se transformando em algo de natureza física. Apesar de uma tendência muito forte de aceleração dos tempos de fabricação, a Indústria 3.0 virou do avesso com essa nova demanda, que parece impossível de ser satisfeita, já que a matéria precisa de tempo para ser transformada e transportada. O paradigma do benefício de ter grandes grupos para fazer economias de escala, portanto, também passou a ser questionado, pois o tamanho não é mais necessariamente uma vantagem, podendo tornar-se um grande obstáculo à rapidez de adaptação e de resposta a essa necessidade de reação instantânea.

As tecnologias da Indústria 3.0 encontram aos poucos seus limites em relação a essa nova necessidade de capacidade de resposta e adaptabilidade. Como atender a demandas que estão cada vez mais próximas do lote unitário? Nenhum produto se parece com o outro. No mundo da Indústria 3.0, máquinas e processos eram dimensionados para operar em série: os robôs eram isolados em uma gaiola e acessíveis apenas por intermédio de um técnico especializado, o ERP era o responsável por processar todos os dados de gestão e garantir que o planejamento industrial fosse redefinido uma vez por ano, e sua instalação podia levar vários anos. Assim, os robôs colaborativos com capacidade de aprendizado ou aplicativos especializados que podem ser instaladas muito rapidamente e funcionam em *software* como serviço (SAAS) são soluções ágeis e possibilitam dar uma nova vida a um sistema pouco adaptável à volatilidade dos mercados e à demanda de customização.

As novas tecnologias têm, ainda, outro efeito mais pernicioso sobre o funcionamento tradicional das empresas da Indústria 3.0. A evolução exponencial requer competências cada vez mais avançadas, que têm de ser renovadas cada vez mais rápido, e uma colaboração ainda melhor entre especialistas. No entanto, é quase impossível desenvolver internamente todas essas competências avançadas. Portanto, cai por terra o princípio de uma enorme barreira sobre a inovação e um segredo industrial guardado a sete chaves. Para inovar, é preciso cada vez mais recorrer a competências externas, ou mesmo a parcerias que às vezes podem envolver concorrentes. Como conciliar a crescente necessidade de inovação para se manter competitivo no mercado e se diferenciar dos concorrentes e a de abertura constante para adquirir as competências adequadas? O cerne da questão é que todos passam a ter de tomar cuidado não apenas com seus concorrentes tradicionais, mas também com agentes de outros setores, sejam eles da mesma cadeia de valor, acima ou abaixo, sejam eles de um mundo totalmente diferente, como, por exemplo, os *pure players* do digital, os GAFA mencionados anteriormente, que ameaçam qualquer indústria com suas plataformas digitais.

Com as demandas de ética, de imediatismo, de customização e de inovação disruptiva, o mundo da Indústria 3.0 tem ainda um longo caminho pela frente, mas parece ter de enfrentar mudanças notáveis, que questionam seus princípios básicos. Devemos enfrentá-las com indiferença, esperando que a situação se estabilize, como quem vai ignorando os sintomas até que a doença fique realmente grave? Ou estaremos vivendo uma verdadeira ruptura? Essa situação lembra uma cena do filme francês *O ódio*, em que um dos personagens, enquanto cai de um prédio de 50 andares, repete as seguintes palavras para confortar a si mesmo: "até aqui, tudo bem". Mas, afinal, não estaríamos caindo? Se sim, a ruptura é tão significativa que merece ser considerada uma nova revolução industrial, a quarta na história da indústria?

Indústria 4.0: ruptura real ou falsa revolução?

Muitos ainda duvidam que estejamos diante de uma verdadeira revolução industrial e acham melhor manter as coisas como estão ou, no máximo, continuar implementando melhorias em vez de adotar a abordagem de ruptura. Não se pode negar que a ausência de um modelo organizacional que possa servir de guia não facilita a tarefa dos que desejariam entrar nesse processo de transformações profundas. Na esteira do taylorismo, do fordismo e do toyotismo, qual é o modelo que surgirá para possibilitar que as empresas tirem maior proveito da evolução tecnológica e atendam às novas expectativas dos clientes?

Os quatro novos desafios do mundo industrial

Antes de falarmos da Quarta Revolução Industrial, achamos pertinente retomar os principais desafios que mencionamos anteriormente e comentar suas principais implicações (Figura 2.1).

O primeiro desafio é o da hiperconectividade: conexão das máquinas, dos humanos e dos produtos. Vida profissional e vida privada. Estamos todos conectados. A consequência disso é que o acesso à informação não está mais limitado a poucos, e há uma busca por propósito e autonomia por parte das equipes. Por parte dos consumidores, há uma demanda para que as coisas aconteçam em tempo real. O valor-chave é a capacidade de resposta: como otimizar essa conectividade crescente, que faz com que a demanda por reatividade da parte dos clientes se torne ainda maior?

O segundo desafio é o caráter exponencial do progresso: a Lei de Moore mostra que o poder de processamento dobra a cada 18 meses, e a maioria das tecnologias segue essa tendência exponencial. As consequências diretas são uma atomização das tecnologias, cada vez mais numerosas, específicas e avançadas, bem como a atomização das competências associadas. O progresso tornou-se líquido. O valor-chave é a agilidade: como se adaptar continuamente e tirar máximo proveito da constante evolução da robótica industrial, da impressão 3D, da internet das coisas (IoT, do inglês *internet of things*), da inteligência artificial, das ferramentas digitais?

O terceiro desafio é a hiperconcentração: os maiores negócios na esfera digital dominam todo o mercado, tanto em termos de valor de mercado quanto em termos geográficos. A maior parte da P&D está concentrada em poucos polos (75% em apenas 10 desses polos)[1]. Essa concentração gera um risco de desequilíbrio social e receios sobre a estabilidade no emprego ou sobre o potencial desaparecimento da classe média, além do desequilíbrio entre as regiões. O modelo de negócios não é mais suficiente. O apoio de outras organizações é fundamental. O valor-chave é o ecossistema. Como criar redes de apoio para garantir que o mundo digital e suas características inerentes (que coroam "vencedores absolutos") não conduzam à ruína social e ambiental? Como responder à necessidade de propósito das novas gerações no que diz respeito não só ao seu trabalho, mas também aos seus hábitos de consumo?

Por fim, como quarto desafio temos uma mudança de percepção de valor. De uma sociedade baseada no consumo de bens, estamos gradualmente nos transformando em um mundo onde o uso que fazemos desses bens tornou-se primordial. Pessoas bem-sucedidas seriam aquelas que criam novos modelos de negócios e que utilizam dados para criar serviços inovadores antes de todo mundo, como fazem as plataformas digitais. Como criar cada vez mais serviços e produtos customizados para responder à demanda dos consumidores do século XXI, que estão mais interessados no uso dos objetos do que no *status* e na posse de bens?

---

[1] Ver Veltz Pierre, *La Société hyperindustrielle*, La République des idées, Seuil, 2017.

Hiperconexão

Necessidade de reatividade do mercado, demanda de autonomia das equipes, demanda de propósito das novas gerações.

Progresso exponencial

Atomização das competências e das tecnologias, agilidade como fator-chave do sucesso.

Economia da funcionalidade

Oportunidade de disrupção e de integração, concorrência e riscos em relação ao gerenciamento de dados.

Hiperconcentração

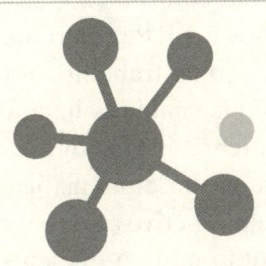

Concorrência pelos talentos, risco de divergências sociais. Sem o ecossistema, não é possível vencer a corrida.

Figura 2.1 Os quatro desafios da Indústria 4.0.
Fonte: Opeo.

As questões que emergem desses desafios são essenciais e estruturantes. Nessas condições, como não enxergar que precisamos de uma verdadeira ruptura de modelo para lidar com esses problemas? A realidade é um pouco mais complexa do que isso, pois as adaptações necessárias para enfrentar os desafios são muito grandes, muitas vezes se contradizem entre si ou, nos casos mais extremos, são mesmo difíceis de serem concebidas. Isso explica o ceticismo e a perplexidade de muitos líderes, que se indagam sobre os caminhos a seguir para otimizar o processo.

Os falsos bons argumentos daqueles que duvidam

O primeiro argumento para deixar tudo como está é o mais óbvio. Como dissemos anteriormente, a Quarta Revolução Industrial em grande parte é uma continuidade da Terceira, mas com uma aceleração do ritmo com o qual as tecnologias avançam. Nesse caso, por que mudar? Muitos argumentam que já conhecíamos bem os robôs; que os sistemas de informação também não são novidades, pois há muito tempo temos o ERP; que o digital é apenas uma extensão lógica dos PCs no espaço de trabalho; e que o toyotismo e o *lean manufacturing* já foram implementados há anos. Mesmo com muita dificuldade para sequer manter seu negócio funcionando, muitas pessoas insistem na lógica de que bastaria intensificar os esforços sobre esses aspectos para alcançar seus objetivos.

O segundo motivo que encoraja o *status quo* é a contradição interna que existe entre alguns conceitos da Indústria 4.0 e que acaba bloqueando a iniciativa. Por exemplo, para ser bem-sucedido, é preciso ser ágil, ter uma mentalidade de *start-up* que se adapta muito rápido à mudança. E, no entanto, o mundo continua sendo extremamente complexo, exigindo ainda mais processos de operação muito sólidos e elaborados, que parecem incompatíveis com a improvisação alegre associada às *start-ups*. Uma outra contradição seria a de que a própria noção de retorno sobre o investimento estaria comprometida pelo novo paradigma, já que muitas vezes é preciso fazer grandes investimentos em novas arquiteturas de sistemas visando a benefícios a longo prazo sem esperar benefícios a curto prazo. Não é de se estranhar que para muitos isso pareça completamente contrário à agilidade demandada pelo mercado financeiro e operacional. Na verdade, esse é um fenômeno que já ocorreu nas outras revoluções industriais: há um grande intervalo entre o momento em que as novas tecnologias estão disponíveis e o momento em que a economia começa a perceber seus efeitos concretos. A fase de entusiasmo ocorre quando uma combinação de inovações começa a gerar um valor maior do que uma inovação individualmente. No início do século XX, por exemplo, a invenção da eletricidade demorou 20 anos para traduzir-se em grandes mudanças — principalmente quando as fábricas começaram a implementar a linha de produção e aplicar os princípios de Taylor sobre o uso de pequenas máquinas elétricas mais flexíveis. Como os acionistas podem ter uma perspectiva a longo prazo em um mundo que continua a se financeirizar cada vez mais rápido?

Por fim, o último argumento de negação à mudança é o famoso "são coisas diferentes". É claro que a indústria e os serviços não são a mesma coisa. Como aplicar um modelo baseado em fluxos puramente imateriais em um mundo de fluxos materiais?

Além disso, o setor industrial se constitui basicamente de empresas que funcionam no sistema *business-to-business* (B2B). Ao mesmo tempo, a maioria dos unicórnios[2] que conhecemos seguem o modelo *business-to-consumer* (B2C), e sabemos que vender produtos diretamente a pessoas físicas é muito diferente de vender a outras empresas.

Então, surge a incógnita de como lidar com o crescente interesse do consumidor pela compra de produtos manufaturados autênticos. Os ofícios tradicionais ou artísticos — mesmo os que passaram por uma recente automatização, como a fabricação de relógios ou artigos de couro de luxo — já contavam com uma certa aura que gera valor. Nesse caso, por que digitalizar esses trabalhos?

A continuidade apesar da aceleração, as contradições e a negação da necessidade de mudança são argumentos que parecem razoáveis e criam dúvidas quanto à existência de uma Quarta Revolução Industrial. Contudo, esse ceticismo não poderia, na verdade, ser explicado pela ausência de um modelo organizacional adaptado às características desse novo período?

---

[2] *Start-ups* avaliadas em mais de 1 bilhão de dólares.

A Indústria 4.0: a falta de uma disrupção organizacional

Muitos consideram uma revolução industrial basicamente como um evento em que houve disrupções tecnológicas. Contudo, todas as revoluções industriais da história consistiram em três processos: uma revolução nos mercados e na sociedade, uma revolução tecnológica em resposta a essa mudança e, acima de tudo, uma revolução organizacional nas empresas com o objetivo de conectar os processos anteriores. A mudança de modelo organizacional é indispensável para empresas que buscam usufruir plenamente das inovações tecnológicas e atender às novas necessidades do mercado e, ao mesmo tempo, garantir a longevidade das atividades, das competências e da motivação das pessoas nesse novo contexto. Assim, novos modelos organizacionais surgem sistematicamente durante as revoluções industriais, que se tornam maiores e mais duradouras por causa deles.

A Primeira Revolução Industrial nasceu da necessidade de infraestrutura no início do século XIX, paralelamente ao surgimento da máquina a vapor, cuja capacidade de produção estava muito além da capacidade humana. Em termos de organização, foi o início da mecanização.

Com a Segunda Revolução Industrial, temos o surgimento do consumo de massa no início do século XX. Em termos tecnológicos, a descoberta da eletricidade produziu uma transformação nas fábricas, pois possibilitou a substituição da máquina central por linhas de produção com máquinas independentes. Essa mudança possibilitou o surgimento do taylorismo e, posteriormente, do fordismo, e, mais especificamente, da especialização das tarefas que levou a ganhos de produtividade muito importantes.

A Terceira Revolução Industrial nasceu no início do processo de globalização nos anos 1960. Em termos tecnológicos, significou o início da robotização e da informática industrial. Os negócios adaptaram sua organização, criando cadeias de suprimento globais. Pouco a pouco, eles adotaram os princípios do *just in time* e do *lean manufacturing* para responder às necessidades de reatividade dos consumidores em um mercado globalizado. Nesse momento nasceu o modelo de organização que guiou esse processo, o toyotismo.

Ao observarmos as organizações científicas do trabalho anteriores — o fordismo, o toyotismo e o *lean manufacturing* —, que foram adaptadas aos paradigmas econômicos e tecnológicos dominantes em suas épocas, parece-nos que falta à Quarta Revolução Industrial um modelo organizacional disruptivo, isto é, que permita responder aos quatro grandes desafios de que falamos anteriormente. Esse modelo terá de ser conectado, ágil e capaz não só de apresentar inovações disruptivas e atrair talentos, mas também de garantir um equilíbrio entre a aceleração do progresso tecnológico e o ritmo de desenvolvimento das competências. Como conceber um modelo que responda simultaneamente a todos esses desafios e seja suficientemente disruptivo para transformar as dúvidas, o ceticismo e a perplexidade em oportunidade? Como será o toyotismo da Indústria 4.0?

Esse modelo existe. No entanto, diferentemente dos modelos das revoluções industriais anteriores, ele é um híbrido formado por características de vários negócios. Do mesmo modo que a Quarta Revolução Industrial, o novo modelo desafia a lógica tradicional, pois é uma síntese do que há de melhor nos setores industriais, tanto em nível estratégico quanto em nível organizacional, tecnológico e humano. Contudo, constatamos que há uma empresa capaz de funcionar como arquétipo do novo modelo organizacional adaptado à Indústria 4.0, devido ao seu líder ousado, com uma capacidade de inovação fora do comum. Estamos falando, é claro, da Tesla, *start-up* californiana que está prestes a entrar para o grupo de grandes fabricantes de automóvel dos Estados Unidos — que não viam um novo nome desde o início do século XX, quando nasceram as gigantes Ford, General Motors e Chrysler. É por isso que chamamos esse novo modelo de "teslismo" (Figura 2.2).

Na sequência, apresentaremos o DNA desse novo modelo, buscando compreender seus fundamentos básicos com o auxílio de exemplos específicos, extraídos das maiores referências mundiais, para cada um dos aspectos que analisamos.

26 O modelo Tesla

	1800	1900	1970	2020	
Paradigma econômico e social	Necessidade de infraestrutura	Demanda em massa	Customização, globalização	Serviços, demanda unitária, geração Y	
Paradigma organizacional		Taylorismo	Toyotismo	**Teslismo**	
Paradigma tecnológico	Máquina a vapor	Eletricidade	Informática e robotização	Conexão, inteligência artificial	Tempo →
	Primeira Revolução Industrial	Segunda Revolução Industrial	Terceira Revolução Industrial	Quarta Revolução Industrial	

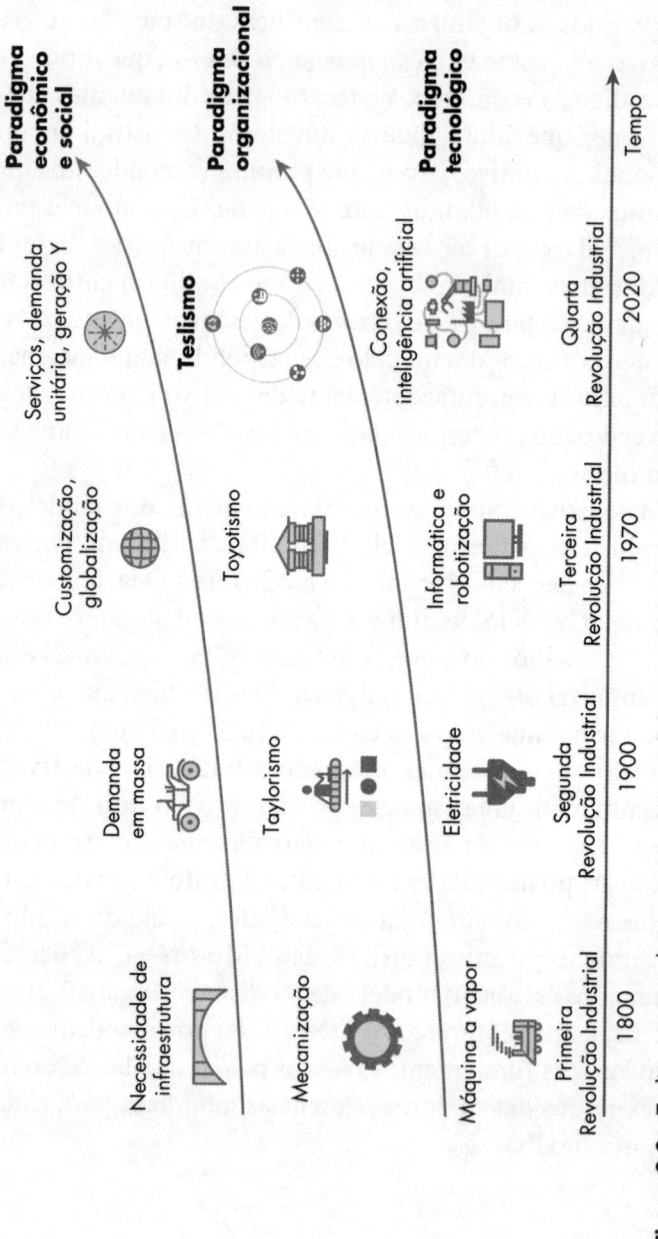

Figura 2.2 Teslismo: paradigma organizacional da Quarta Revolução Industrial?
Fonte: Opeo.

Teslismo: modelo organizacional para a Indústria 4.0?

Nossas análises e observações do modelo da Tesla, bem como de referenciais da indústria do futuro, mostram que faz sentido chamar o teslismo de sistema e que esse sistema se articula ao redor de três círculos concêntricos. Um volante estratégico, voltado para fora da empresa, outro organizacional, voltado para dentro, e um núcleo voltado para a capacidade de aprendizado rápido dos humanos e das máquinas. O sistema é composto de sete princípios: *storymaking*, integração transversal, tração tentacular, liderança de *start-up*, hibridização de *software*, hipermanufatura e aprendizado humano e de máquina (Figura 2.3).

Antes de examinarmos cada um dos sete princípios, é interessante nos determos um momento nas razões pelas quais o modelo constitui uma resposta plausível aos desafios estratégicos e tecnológicos da Indústria 4.0. Veremos ao longo do livro que os sete princípios respondem a quatro grandes objetivos: inspirar o mundo com um projeto que transcende a própria empresa; aprimorar o sistema operacional e as interfaces da empresa; conectar digitalmente os serviços da empresa, seu ecossistema e seus clientes; e auxiliar as pessoas que trabalham na empresa a crescerem sempre a cada dia para que a empresa também possa crescer junto (Figura 2.4). Esses quatro objetivos estão perfeitamente alinhados com os quatro desafios da Indústria 4.0. A ideia de inspirar o mundo torna possível responder à demanda por ética e regulação causada pela hiperconcentração de valor e talentos. Aprimorar um sistema, tanto interna quanto externamente, possibilita responder à crescente necessidade por funcionalidades dos produtos e, portanto, ao desafio da economia funcional, tirando proveito da hiperconexão entre pessoas, máquinas e produtos. Por fim, auxiliar no crescimento das pessoas permite desenvolver competências individuais e coletivas de forma que o progresso exponencial seja visto como uma oportunidade, e não como uma corrida contra o tempo.

28 O modelo Tesla

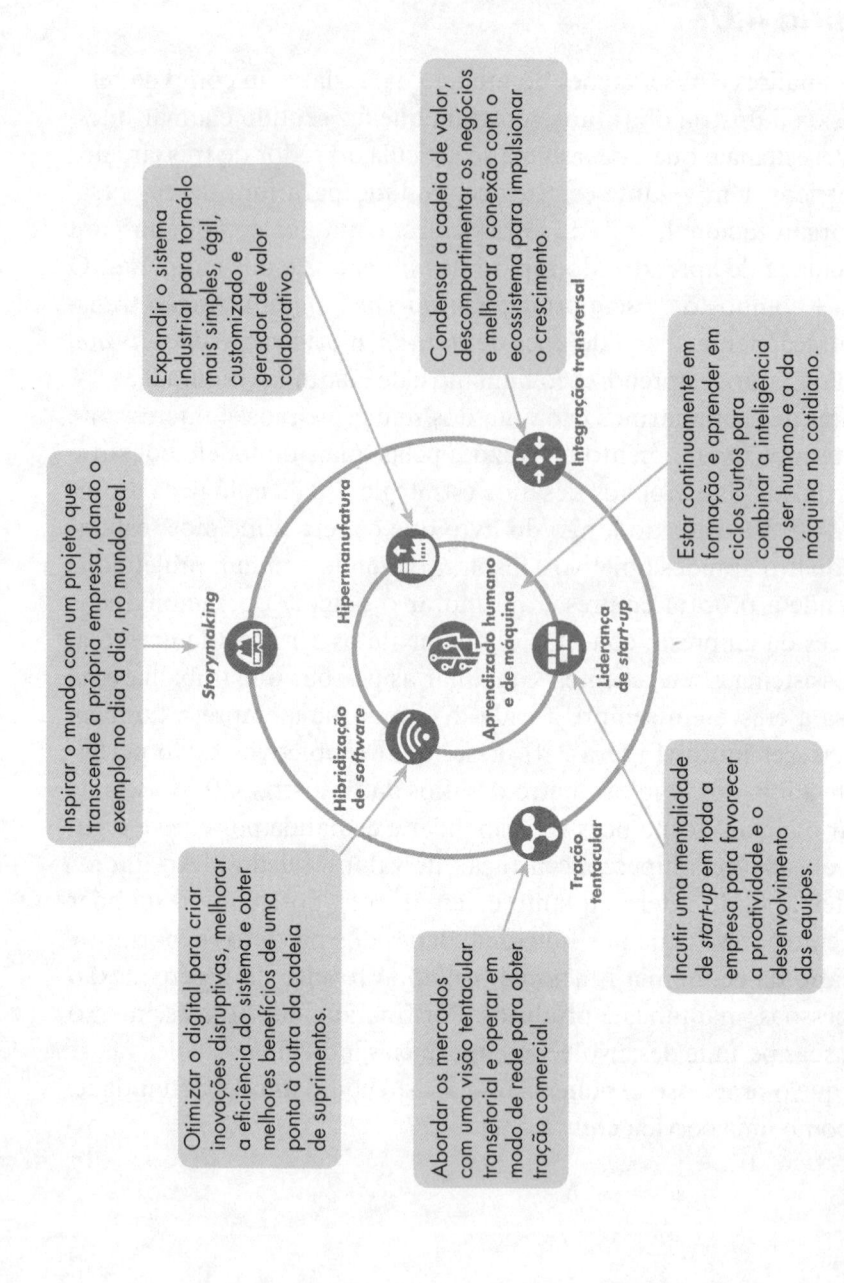

Figura 2.3 Os sete princípios do teslismo.
Fonte: Opeo.

Princípios (em torno do núcleo "Aprendizado humano e de máquina"):

- **Storymaking**: Inspirar o mundo com um projeto que transcende a própria empresa, dando o exemplo no dia a dia, no mundo real.

- **Hipermanufatura**: Expandir o sistema industrial para torná-lo mais simples, ágil, customizado e gerador de valor colaborativo.

- **Integração transversal**: Condensar a cadeia de valor, descompartimentar os negócios e melhorar a conexão com o ecossistema para impulsionar o crescimento.

- **Liderança de start-up**: Estar continuamente em formação e aprender em ciclos curtos para combinar a inteligência do ser humano e a da máquina no cotidiano.

- **Tração tentacular**: Incutir uma mentalidade de start-up em toda a empresa para favorecer a proatividade e o desenvolvimento das equipes.

- (Tração tentacular): Abordar os mercados com uma visão tentacular transetorial e operar em modo de rede para obter tração comercial.

- **Hibridização de software**: Otimizar o digital para criar inovações disruptivas, melhorar a eficiência do sistema e obter melhores benefícios de uma ponta à outra da cadeia de suprimentos.

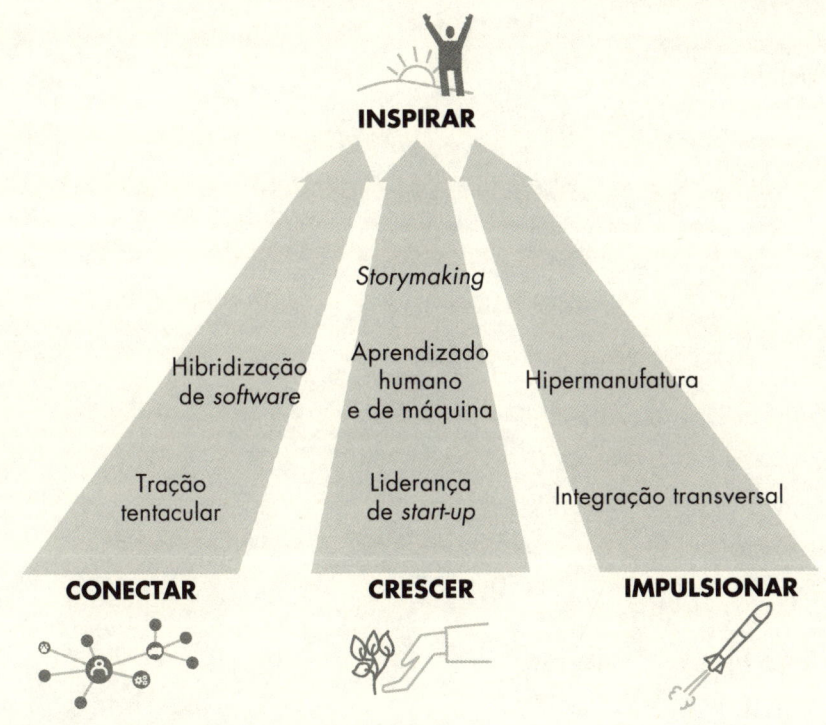

Figura 2.4 Os quatro objetivos do teslismo.
Fonte: Opeo.

Os sete princípios do teslismo

Princípio nº 1

Hipermanufatura

Expandir o sistema industrial para torná-lo mais simples, ágil, customizado e gerador de valor colaborativo.

Uma empresa não é aquele lugar chato que as pessoas imaginam. É a máquina que constrói a máquina; você deve projetá-la como um sistema integrado.

Elon Musk, discurso de inauguração da Gigafactory

O que é hipermanufatura?

Como é uma fábrica nos dias de hoje? Como disse o próprio Elon Musk, não é aquele lugar tedioso e sujo representado no filme *Tempos modernos*.

É claro que a indústria manufatureira, com suas mais de 10 milhões de fábricas em funcionamento, ainda é responsável por 27% das emissões totais de CO_2[1]. Ao mesmo tempo, a indústria atual também conta com mais de 2 milhões de robôs industriais em funcionamento[2], 964 bilhões de euros investidos em IoT[3] e um setor que desenvolve e fabrica produtos que se aproximam cada vez mais do "sob medida" e em prazos cada vez mais curtos. Um exemplo disso são os três grandes fabricantes de automóvel alemães, que em 10 anos aumentaram o volume das opções oferecidas de 47 para 113%, ainda que no mesmo período a vida útil dos produtos tenha diminuído de 10 para 19%. Por fim, as fábricas de hoje geram 19 centavos de serviço para cada euro produzido, e 30 a 55% dos empregos nessas fábricas correspondem a serviços[4].

A fábrica tem de ser, portanto, "hiper": hipersimples, para responder à raridade de recursos, empregando as tecnologias mais recentes; hiperágil e customizada, para responder à volatilidade e à diversificação da demanda; e hiperconectada e aberta para o mundo, para gerar valor colaborativo. Contudo, assim como o *lean manufacturing*, a hipermanufatura é, antes de tudo, uma mentalidade. A lógica "hiper" pode ser resumida pelo primeiro princípio favorito de Elon Musk. Ele sempre o cita quando explica seu modo de pensar, fazendo alusão ao primeiro princípio da termodinâmica: "Sempre recorrer à física para resolver qualquer problema". De modo geral, isso se materializa em uma visão disruptiva, que desafia ideias preconcebidas para encontrar soluções inovadoras para cada um dos processos-chave da empresa, especialmente no que diz respeito ao desenvolvimento de produtos e à inovação tecnológica.

---

[1] Quora.com
[2] International Federation of Robotics, 2017.
[3] Gartner, 2017.
[4] McKinsey Global Institute, *Manufacturing the Future: The next era of global growth and innovation*, novembro de 2012.

Aplicado ao mundo das fábricas, isso se traduz em uma preocupação de racionalização extrema para otimizar recursos escassos, como a disponibilidade de espaço, a capacidade das máquinas, as competências humanas, a energia e as matérias-primas. Isso se traduz também em uma obsessão por rapidez e agilidade no processo de fabricação, que funciona em modo "aberto" para o resto do mundo.

No entanto, a hipermanufatura não é tanto uma ruptura direta, mas uma atualização do *lean manufacturing*. Para compreendermos seus fundamentos, e antes de examinarmos todos princípios em detalhe, é interessante relembrarmos a essência da Indústria 3.0.

Lean, just in time e valor agregado

No início da Terceira Revolução Industrial, as transações comerciais e as cadeias de suprimento se atomizaram gradualmente no mundo, e, como consequência, as distâncias percorridas no transporte de diferentes componentes e subconjuntos industriais se tornaram cada vez maiores. No entanto, gradativamente, com a financeirização da economia e o aumento da necessidade de agilidade, os riscos de falha logística e a pressão sobre o capital de giro das empresas incitaram a maioria a aprimorar a eficiência de suas operações para evitar que essa globalização desenfreada acabasse deixando de ser lucrativa. Nesse paradigma, há um sistema que se distinguiu dos outros: o da Toyota. Há uma coincidência histórica: esse sistema foi descoberto por dois pesquisadores[5] do Instituto de Tecnologia de Massachusetts (MIT) que realizaram um estudo sobre a fábrica da New United Motor Manufacturing, Inc (Nummi) em Fremont, na Califórnia; curiosamente, essa foi a fábrica que a Toyota comprou da General Motors em 1984 e que, de forma muito simbólica, a Tesla adquiriu no século XXI.

A eficiência do sistema Toyota é baseada em dois pilares e três fundações. Seu princípio fundamental é a eliminação do desperdício, que deu origem ao termo *lean manufacturing*, ou "manufatura enxuta".

---

[5] Womack James P., Jones Daniel T., Roos Daniel, *The Machine That Changed the World*, Free Press, 1990. Tradução em francês: *Le Système qui va changer le monde*, Dunod, 1993.

O primeiro pilar do toyotismo é o *just in time*, ou "na hora certa": cada elo da cadeia produz apenas o necessário, no momento certo, para seu cliente imediato. Desse modo, consegue-se limitar a produção de estoque e manter a agilidade do sistema operacional para responder às mudanças de demanda dos clientes. Esse princípio parece simples e óbvio, mas sua implementação é complexa, exigindo uma supervisão rigorosa para detectar problemas e resolvê-los o mais rápido possível, evitando, assim, bloqueios na cadeia de suprimentos. O *just in time* baseia-se na aplicação de cinco princípios: criar um fluxo contínuo, produzir peça por peça, produzir de acordo com o ritmo dos clientes finais, implementar a produção puxada e monitorar o conjunto da cadeia de suprimentos. Um dos principais objetivos seria evitar "tamanhos de lote" que poderiam aumentar a eficácia local das máquinas ao fabricar peças em série, mas que também diminuiriam globalmente a velocidade de fluxo. Apesar de tudo isso, poucas empresas conseguiam fazer com que o sistema *just in time* alcançasse esse objetivo final. Os padrões de tamanhos de lote muitas vezes variavam de um mínimo de 10 peças até vários milhares, dependendo do setor, com uma média que girava em torno de 100 peças.

O segundo pilar do toyotismo é o *jidoka*, ou "fazer certo na primeira vez". Trata-se do equivalente ao *just in time* no quesito qualidade: cada elo da cadeia só continua produzindo se tiver certeza de que o próximo elo receberá uma peça de qualidade. Caso contrário, todo o sistema deveria ser interrompido. Dessa forma, seria possível reduzir os riscos na qualidade, evitando-se que subconjuntos defeituosos chegassem ao final do fluxo — possivelmente em grandes quantidades, considerando-se que se trata de uma produção em série.

Esses dois pilares respondem aos objetivos sagrados do toyotismo relacionados ao foco no cliente final, com a destinação do máximo de tempo possível para a produção de valor agregado. A produção *just in time* significa evitar a superprodução, ou seja, o uso dos recursos da empresa para a obtenção de produtos que não seriam vendidos e que, portanto, seriam completamente desperdiçados. Do mesmo modo, produzir *certo na primeira vez* significa evitar fluxos com defeitos e a obtenção de um produto que possivelmente não poderá ser vendido ao cliente. Para garantir que cada funcionário passe a maior parte do tempo dedicando-se à geração de valor agregado, a Toyota criou uma categorização de oito desperdícios. Eles têm um valor pedagógico e permitem explicar a todos o que deve ser minimizado ou evitado no trabalho diário (Figura 3.1).

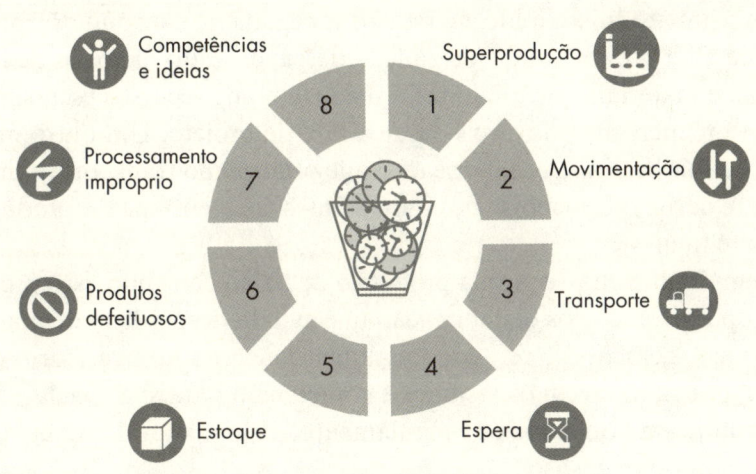

Figura 3.1 Os oito desperdícios identificados pelo toyotismo.
Fonte: Adaptada de Womack e Jones.

O "hiper": adaptar o *lean* ao Novo Mundo

Com a Indústria 4.0, os bancos de dados do "*software*" industrial continuam evoluindo com uma necessidade crescente de simplicidade, agilidade e com um objetivo adicional de geração colaborativa de valor.

A filosofia da hipermanufatura é aproveitar a lógica "disruptiva" — louvada por Elon Musk em seu princípio nº 1 — para combater todos os obstáculos a essa geração colaborativa de valor.

Simplicidade

No século XXI, com a escassez de combustíveis fósseis — anunciada e confirmada pela maioria dos cientistas que estudam o aquecimento global —, há uma mudança da consciência coletiva com relação aos padrões de consumo de energia. Além disso, o surgimento de redes possibilita uma transparência completa, de modo que o consumidor consegue saber de onde vêm os produtos, o caminho que fizeram para chegar até ele e se eles foram fabricados de forma ética. Isso originou o conceito de indústria simples, que funciona de acordo com, pelo menos, quatro eixos principais.

Em primeiro lugar, a ideia é reduzir a pegada de carbono dos produtos de uma ponta à outra da cadeia, desenvolvendo métodos de fabricação e materiais que minimizem o consumo de recursos escassos e promovam energias renováveis desde a fase de projeto. Um outro método é definir caminhos de fabricação que otimizem o transporte como um todo, desde o transporte de componentes até a entrega do produto ao cliente final.

Além disso, volta-se para a produção de baixo consumo, isto é, definir e operar processos de fabricação que evitem desperdício de matérias-primas, geração de refugo e qualquer consumo desnecessário de energia; que minimizem os resíduos e contribuam para sua reciclagem; e que cumpram com todos os regulamentos de emissão de poluentes sólidos, líquidos e gasosos.

Para promover a economia circular, é necessária uma maior colaboração entre as autoridades locais e os parceiros industriais dos diferentes territórios onde operam as subsidiárias de uma empresa. Alguns pontos importantes são a reciclagem do máximo possível de materiais e energia que não forem consumidos; a redução da poluição sonora e da poluição local; a organização do consumo de energia em espaços de tempo que permitam regular a capacidade de produção local; e a participação da formação contínua de todos os agentes do ecossistema, elevando o nível de competências do conjunto.

Em quarto e último lugar, trata-se de incutir uma ética do produto de uma ponta à outra da cadeia, o que inclui supervisionar todos os fornecedores por meio de uma política de responsabilidade social "estendida", sólida e compartilhada.

A forte preocupação ética não impede, no entanto, que os consumidores se mostrem cada vez mais exigentes com relação à personalização das funcionalidades e à entrega rápida do produto. A demanda continua se voltando, então, para a diversificação extrema. Essa mudança se traduz na indústria por uma necessidade de agilidade e "customização em massa", que forma os contornos de um novo paradigma, o do lote unitário — ou fluxo unitário — com entrega no mesmo dia. Desse modo, os princípios do *just in time* permanecem válidos, mas são extrapolados, e, portanto, adaptações se fazem necessárias. A produção puxada continua a ser um princípio fundamental. O conceito de *one piece flow*, também chamado de "fluxo contínuo", é aplicado de forma literal, pois o lote-padrão de cerca de cem peças torna-se realmente unitário. O conceito de *takt time*, que descreve o ritmo entre o início da produção de dois itens, é parcialmente desafiado, pois cada produto é único e, portanto, tem seu próprio tempo de fabricação. O fluxo contínuo continua sendo o princípio norteador para a cadeia de suprimentos em geral, mas agora está sendo generalizado em zonas logísticas, nas quais as pessoas não se deslocam mais para fazer o *picking* — ou coleta — das peças (*man to goods*); são as peças que são transportadas até as pessoas (*goods to man*).

Agilidade

Em termos de *fazer certo na primeira vez*, o segundo dos dois pilares do toyotismo, a maioria dos princípios permanece válido, caracterizando-se mais uma vez pela necessidade de acelerar o tempo de reação do sistema e o nível de compartilhamento de informações associadas, tanto dentro de uma empresa quanto em toda a sua cadeia logística, incluindo clientes finais. A inovação, portanto, se concentra mais nos fluxos a montante da cadeia de suprimento (no sentido de seus fornecedores). O método de desenvolvimento que está se generalizando é um híbrido entre os métodos industriais clássicos, organizados em sequências e marcos, e os métodos ditos "ágeis", oriundos do mundo do *software*. Esses últimos partem da premissa de que as especificações dos clientes mudam constantemente, incluindo em estágios já muito avançados do processo de inovação e desenvolvimento, o que se traduz numa necessidade de ciclos muito mais curtos — também chamados de "*sprints*" — entre o usuário final e o projetista. Nesses estágios a montante, o conceito de *certo na primeira vez* deve ser adaptado, pois o princípio norteador passa a ser o *testar e aprender* (em inglês, *test & learn*), que privilegia uma ação rápida em vez de uma ação perfeita, que não tolera erros.

Com as novas tecnologias, é possível adaptar os dois pilares do toyotismo (*just in time* e *certo na primeira vez*) à situação atual. O progresso da robotização e, em particular, os veículos guiados automaticamente (AGVs, do inglês *automatic guided vehicles*), possibilitam que as pessoas se desloquem cada vez menos e, portanto, concentrem-se mais em seu ramo de atividade básica. Os dispositivos IoT possibilitam a identificação individual de produtos de uma ponta à outra da cadeia de suprimentos, gerando um equilíbrio dinâmico de cada um dos postos de trabalho graças à programação inteligente dos novos sistemas de gestão de produção (Sistemas de Execução da Manufatura). A impressão 3D (ou a fabricação aditiva) possibilita encurtar certos fluxos com muitas operações, especialmente nas fases de prototipagem a montante, mas também nas fases de fabricação de peças que não requerem uma fabricação rápida. Ela atende também à necessidade de diversificação extrema e de agilidade do fluxo de informações, transformando uma especificação digital em uma ordem imediata de fabricação, sem a necessidade de qualificar um programa de trabalho para a máquina, uma gama de produto, um método de trabalho. Os controles de qualidade são realizados cada vez mais em fluxos contínuos graças a ensaios não destrutivos (END) e avanços na visão industrial. O alerta de qualidade pode agora ser digitalizado e, portanto, controlado em tempo real usando-se um princípio de cascata na organização gerencial. Desse modo, o sistema Andon, que permite que cada operador do local de produção sinalize a existência de peças ruins ou defeituosas, pode ser estendido ao conjunto de processos do fluxo, desde a concepção até a entrega final. O fluxo de informações associado pode, por sua vez, ser estendido dos gerentes de primeira linha aos mais altos cargos de gerência, e mesmo aos fornecedores, parceiros e clientes, oferecendo capacidade de resposta e compartilhamento total de informações. Ferramentas digitais colaborativas passam a ser usadas nas fases de desenvolvimento do produto para facilitar as trocas entre as diferentes atividades dentro de uma empresa e também entre seus parceiros e usuários finais. Os dispositivos IoT possibilitam que essa troca de informação se traduza em adaptações físicas do produto, materializadas em atualizações de versão. Assim, as versões beta podem ser lançadas mais rapidamente no mercado e aperfeiçoadas progressivamente. Todos os envolvidos podem interagir em ciclos curtos para promover melhorias contínuas no produto, por meio da aplicação de métodos ágeis durante toda a vida útil do produto, desde sua fase de desenvolvimento até sua comercialização, seu aperfeiçoamento e sua manutenção (fase chamada de "vida em série").

Valor colaborativo

Por fim, o conceito de valor agregado permanece válido, mas com certos limites. O valor-chave para os clientes — agora usuários, ou *users* — é o valor colaborativo que permite responder rapidamente às novas demandas, sempre levando em conta a experiência do cliente e respeitando a estrutura em que o produto é fabricado graças a uma espécie de simplicidade na execução. Assim, de uma ponta à outra da cadeia de produção, os oito desperdícios clássicos do toyotismo evoluem para abarcar as novas necessidades desse usuário final em busca de uma renovação da forma de valor.

A partir do que observamos nos sistemas industriais mais avançados, podemos listar os oito principais inibidores que bloqueiam a geração de valor colaborativo (Figura 3.2).

Consumo excessivo: consumir em excesso é o maior obstáculo à geração de valor colaborativo, já que estamos falando de energia, matéria-prima e ferramentas que poderiam ter sido utilizadas para produzir outra coisa num mundo em que todos os recursos são, por definição, finitos. O conceito de consumo excessivo se aplica também ao espaço que não é otimizado — por exemplo, quando não se utiliza o volume disponível para densificar ao máximo as instalações da fábrica. A massificação das fábricas tornou-se uma questão crucial para a Indústria 4.0, de modo semelhante à miniaturização dos computadores na revolução industrial anterior.

Dados inexplorados: os dados valem ouro na Quarta Revolução Industrial. Não recolher, armazenar ou analisar dados de clientes ou de processos internos da empresa aos quais se tem acesso é um grande obstáculo ao valor que se pode gerar para a sociedade, os clientes e os funcionários. Isso pode impactar a eficiência do processo, mas também a qualidade do fluxo de uma ponta à outra da cadeia, gerando, por exemplo, uma má gestão da variedade dos produtos ou, ainda, a má

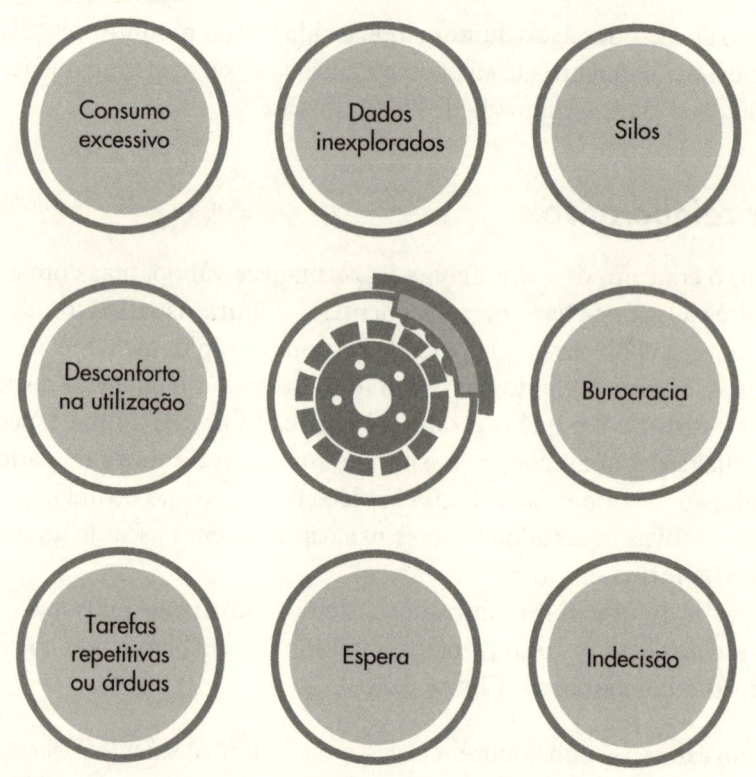

[Diagrama com oito círculos ao redor de um círculo central com uma engrenagem: Consumo excessivo, Dados inexplorados, Silos, Desconforto na utilização, Burocracia, Tarefas repetitivas ou árduas, Espera, Indecisão.]

Figura 3.2 Os oito obstáculos à criação de valor colaborativo.
Fonte: Opeo.

exploração dos problemas identificados — afinal, o objetivo é o aperfeiçoamento contínuo, numa lógica de aprendizado permanente.

Silos: o termo "silo" refere-se a um setor da empresa que trabalha de maneira isolada em relação ao restante da organização. Trabalhar em silos cria entraves à rápida circulação da informação e gera decisões contraproducentes. É um obstáculo à capacidade de resposta e à criação de valor. Em um mundo dominado pelo digital, todos os setores precisam contribuir para a geração de valor global, o que supõe uma circulação fora de seus limites originais. A função da cadeia de suprimentos, por exemplo, precisa de dados de vendas do serviço comercial em ciclos muito curtos para poder alcançar o máximo de capacidade de resposta possível. Às vezes, ela chega a ir até as lojas da rede de distribuição para rastrear movimentos de produtos e obter uma previsão detalhada das novas tendências. Desse modo, suas análises podem se cruzar com as do serviço de *marketing*, que trabalha com a antecipação de tendências, informando-se continuamente sobre o comportamento dos clientes.

Burocracia: aplicar regulamentos ao pé da letra ou criar regulamentos sem necessariamente medir suas implicações é uma maneira de se abster de correr riscos ou evitar assumir responsabilidades. Isso gera papelada desnecessária, discussões estéreis e, algumas vezes, até mesmo irritação. Tudo isso mina o valor colaborativo. Em um primeiro nível, eliminar a burocracia significa acabar com a papelada e os processos administrativos desnecessários entre setores ou em oficinas de fabricação, por exemplo. Em um segundo nível, também é uma mentalidade que consiste em desafiar as restrições do sistema a fim de encontrar soluções inovadoras, sempre voltando ao primeiro princípio: "qual regra da física se aplica a esse processo? O que é preciso fazer para que isso funcione?". Com frequência, regras e verificações se acumulam para minorar problemas pontuais. A dinâmica oposta consiste em assumir o risco de eliminar uma regra para liberar o sistema e torná-lo mais flexível, o que de maneira alguma é um reflexo automático e demanda uma forte iniciativa gerencial.

Indecisão: num mundo em que tudo se move mais rapidamente, não tomar decisões acaba sendo pior do que fazer escolhas ruins. É aceitável cometer erros se for possível corrigi-los rapidamente, mas não fazer nada é a pior escolha. A ideia é, então, ter um sistema de gestão que permita que as informações sejam repassadas muito rapidamente às pessoas que tomam as decisões, associando, desse modo, suas responsabilidades o mais estreitamente possível ao que acontece na linha de frente. Além disso, é preciso que líderes reservem uma boa parte do seu tempo para estar presentes na linha de frente a fim de garantir que nenhuma decisão importante seja adiada ou mal comunicada.

Espera: se há homens, máquinas, materiais e dados à espera de que algo aconteça, isso significa que tais recursos escassos não estão sendo usados, mesmo sendo vitais para o bom funcionamento da empresa e para a capacidade de reação do conjunto do sistema. Num mundo em constante mudança, a inação ou a subutilização de ativos é destruidora de valor. A chave é, portanto, investir em sistemas suficientemente flexíveis, mas também garantir que o exercício de equilíbrio de carga e capacidade, bem como os processos associados, sejam robustos o suficiente para que a estrutura industrial se adapte à volatilidade do mercado.

Tarefas repetitivas ou árduas: os avanços em automatização, robótica e inteligência artificial possibilitam que a maioria das tarefas repetitivas ou ergonomicamente árduas sejam substituídas por máquinas com bom retorno sobre o investimento. Não tirar proveito disso é usar os recursos mais escassos do sistema — ou seja, as pessoas — para tarefas que não utilizam seu potencial máximo. A questão é, ao mesmo tempo, tornar o trabalho manual mais fácil e interessante, mas também permitir que as funções de suporte foquem em trabalhos que têm valor para o sistema, ou seja, valor colaborativo: resolver problemas complexos, definir os padrões de "bons profissionais", treinar as equipes e propor soluções inovadoras para o futuro. Aos poucos, as tarefas rotineiras e mecânicas estão fadadas a desaparecer no negócio como um todo. É nítido que essas tarefas raramente são gratificantes para as pessoas; então, por que não se ver livre delas o mais rápido possível?

Desconforto na utilização: seja para os clientes, seja para os colaboradores, beneficiar-se de aplicativos e funcionalidades ergonomicamente confortáveis é uma chave importante para a geração de valor colaborativo, pois isso faz com que todos queiram utilizar o sistema e contribuam para que ele continue sempre evoluindo. Os gigantes do mundo digital nos ensinaram que a experiência do usuário é uma força motriz nas escolhas de *design* tecnológico de novos produtos. O mesmo vale para as equipes do mundo industrial, que cada vez mais estão utilizando ferramentas digitais no cotidiano para gerir a sua atividade. Munir as suas equipes de interfaces ergonômicas adaptadas à sua função é um dos principais fatores de motivação e eficiência diária.

O que a Tesla nos ensina

"O *design* de uma fábrica deve ser como o de um produto. Ele deve ser visto como um sistema integrado, e devem-se aplicar a ele os princípios básicos da física para otimizar seu funcionamento"[6]. Essas são as palavras que Elon Musk proferiu no lançamento oficial da fábrica de baterias Gigafactory de Nevada, que se tornará a maior do mundo em termos de superfície construída. Isso não tem a ver com uma "mania de grandeza" da parte de Musk. Sua lógica permanece a mesma: simplicidade e eficácia acima de tudo. Na continuação de seu discurso, ele fornece uma explicação para esse gigantismo. Até o momento, essa é a única fábrica a produzir baterias elétricas, tendo um valor muito grande para a autonomia do mundo automobilístico. O objetivo é, ao longo do tempo, produzir baterias suficientes para abastecer 1,5 milhão de veículos. Apesar do objetivo ambicioso, tudo foi pensado para massificar o local. Nas palavras de Elon Musk: "Eu não sou um especialista em manufatura, mas passei os três últimos meses na linha de frente de uma fábrica. Quando penso em uma fábrica de automóveis, volto sempre ao meu primeiro princípio. Fazendo uma analogia com fluxos físicos, a ideia é otimizar a seguinte equação: volume × densidade × velocidade do fluxo"[7]. Segundo ele, esse índice poderia ser facilmente melhorado por um fator de 5 a 10 por dois motivos: em primeiro lugar, apenas 2 a 3% do volume de uma montadora final de automóveis é realmente "útil" e, em segundo lugar, a velocidade com que os carros saem da fábrica pode parecer alta, mas, na verdade, é bastante limitada (cerca de 0,2 metro por segundo). Resumidamente, em vez de partir de tecnologias existentes e modos de produção atuais para melhorá-los, Musk inverte o problema, levando ao limite a equação básica que governa o fluxo da fábrica como um "sistema". Mesmo sem uma solução imediata, sua ideia era que essa abordagem estimulasse a ambição das equipes. A Gigafactory é a primeira fábrica em que esse princípio foi aplicado de uma ponta à outra da cadeia, e o resultado é impressionante. A visão tridimensional totalmente digitalizada da fábrica tem uma grande semelhança com a parte interna de um computador e revela a mesma preocupação com a otimização do volume. Elon Musk acredita que o mundo da manufatura evoluirá do mesmo modo que o setor da informática, cuja corrida pela miniaturização data dos anos 1980. Segun-

---

[6] Discurso de inauguração da Gigafactory, disponível no YouTube.
[7] *Ibid.*

do essa linha de raciocínio, as empresas não continuariam construindo fábricas cada vez maiores em resposta ao crescimento demográfico, e sim tentariam miniaturizá-las, densificando processos e acelerando a velocidade dos fluxos. O primeiro princípio da hipermanufatura é massificar o espaço para evitar o consumo excessivo. O mesmo vale para o consumo de energia: a fábrica está totalmente equipada com painéis solares e privilegia a reciclagem de energia. Em perfeita coerência com o seu *storymaking* (ver princípio nº 5), que enfatiza seu desejo de aumentar a proporção de energias renováveis, Elon Musk está regularmente direcionando esforços para manter a motivação de suas equipes, a convicção dos seus acionistas e a adesão de seus clientes. Para tanto, seus princípios operacionais, baseados em uma espécie de simplicidade do aparelho industrial, se combinam com suas profundas aspirações em relação à redução da pegada ecológica dos transportes no mundo. Esses objetivos seriam atingidos com uma melhor colaboração entre os diferentes usos dos transportes, para que cada veículo seja usado de uma forma melhor; com o uso de energia verde para fabricação e condução dos veículos; e com a conexão de todos os veículos a uma rede de energia inteligente que possibilita otimizar picos e vales de consumo. A questão energética é onipresente nas ideias de Musk. Recentemente, ele declarou que "a energia solar que a superfície da Terra recebe em uma hora seria suficiente para satisfazer as necessidades de consumo energético de todo o planeta por um ano"[8].

Por isso, Elon Musk construiu um sistema que permite eliminar tudo o que poderia dificultar a geração de valor colaborativo. Suas fábricas são vitrines dos avanços tecnológicos mais recentes em termos de automatização. Seus princípios de organização permitem evitar a formação de silos e tomar decisões muito rapidamente. Isso se deve muito ao fato de as equipes de desenvolvimento e produção compartilharem o mesmo espaço de trabalho. Assim, as competências das equipes são combinadas e são organizados ciclos curtos, de temas diversos, para incentivar o conjunto do sistema a estar sempre tomando decisões rapidamente. Sua visão sobre a questão fica clara em uma declaração que ele deu a seu biógrafo, Ashlee Vance, na qual diz que "agir rapidamente,

---

[8] Fabernovel, *Tesla, Uploading the future*, 2018.

evitar hierarquias e eliminar a burocracia" eram prioridades para ele e que, se "as regras te impedem de progredir, você tem de lutar contra elas"[9]. Além disso, foi feito um esforço considerável para modularizar ao máximo os veículos usando um catálogo de funções pré-definidas. O objetivo era que os clientes finais tivessem acesso a um portal em que pudessem "personalizar" seus próprios carros, criando um fluxo direto com a fábrica, que produziria "lotes unitários" nos prazos mais curtos possíveis. Um fluxo logístico interno foi concebido para dar conta dessa lógica de customização de massa, com uma gestão automatizada das trocas entre estações de trabalho.

Por fim, o próprio produto é uma ótima demonstração dos benefícios do valor colaborativo. A Tesla é uma das únicas marcas que promovem uma melhoria no valor de seu veículo ao longo de sua vida útil por meio de atualizações de versão constantes e de um princípio de manutenção preventiva do veículo de cada proprietário, em oposição à postura de outros fabricantes, que vendem revisões muito caras, garantindo que cada veículo valha menos ao longo do tempo devido à obsolescência programada de sua tecnologia embarcada.

Com a aplicação diária do primeiro princípio de Elon Musk, o modelo da Tesla se mostra claramente disruptivo. Uma visita a uma das fábricas da Tesla possibilita visualizar concretamente o primeiro princípio: paredes brancas; máquinas vermelhas; o máximo possível de automatização; espaços compartilhados (sem divisórias) entre as diferentes funções, nos quais jovens engenheiros circulam com seus dispositivos ao lado de funcionários de chão de fábrica, sem distinção visível entre as categorias. Tudo é pensado para minimizar os obstáculos à geração de valor colaborativo.

Contudo, isso não quer dizer que atualmente a Tesla não tenha dificuldades operacionais. Além dos problemas recentes sofridos pelo fabricante para assumir a produção em massa de seu Modelo 3, a eficiência operacional do sistema de manufatura ainda está longe do nível dos maiores fabricantes. Seus fluxos não são otimizados, o nível de desperdício na produção ainda é relativamente alto e seu sistema de gestão

---

[9] Vance Ashlee, *Elon Musk. Tesla, Paypal, SpaceX: l'entrepreneur qui va changer le monde*, Eyrolles, 2016.

poderia ser melhorado. No entanto, é preciso aplaudir o desejo de ruptura de Elon Musk e sua maneira de enfrentar os problemas de forma pragmática e ousada. Graças a um nível de energia extraordinário, a empresa aprende num ritmo muito rápido, comparável ao das *start-ups* ou dos *pure players* do digital, que são seus vizinhos em Palo Alto.

Se Elon Musk conseguir encarar o desafio a que se propõe — combinar o que há de melhor no mundo digital com as práticas organizacionais das indústrias de ponta —, acompanhar essa evolução será um grande desafio para o sistema de produção da Tesla. Há a possibilidade de que a fábrica de Fremont, um *brownfield*[10] comprado da Toyota, acabe não se tornando o sistema que a Tesla tanto deseja. A hipermanufatura que está se desenvolvendo no momento provavelmente alcançará um nível mais alto nas fábricas que a Tesla está construindo agora e nas que construirá no futuro, especialmente a Gigafactory, mas também as que serão construídas na Europa e na Ásia[11], se o plano de crescimento da empresa for respeitado. Em poucos anos, Elon Musk criou um novo fabricante em nível global, que não se parece com nenhum outro e que poderia revolucionar completamente o setor. Como costuma ser com empresas pioneiras, apenas o tempo dirá se o sistema tem capacidade de se adaptar a seu ambiente. A Toyota não alcançou o patamar em que está em poucos meses e teve de enfrentar inúmeras crises ao longo de sua longa ascensão ao topo dos fabricantes mundiais.

Depoimento da Kimberly Clark

"Romper os silos para impulsionar a hipermanufatura"

As implantações da Kimberly Clark em Toul contam com 260 pessoas e produzem 74.000 toneladas de papel por ano para as marcas Kleenex, Scott e Wypall. Ao adentrar a fábrica pela primeira vez, é difícil não se impressionar com o potencial da imensa máquina de papel, que dita o ritmo de toda a fábrica. Na intersecção entre uma indústria de processos tradicional e um

---

[10] N. de T.: *Brownfields* são implantação em lugares onde já havia instalações de outra empresa. Essas instalações geralmente são renovadas e melhoradas para abrigar o novo projeto.

[11] N. de T.: A Tesla inaugurou em 2019 a Gigafactory em Xangai, na China, e, em março de 2022, em Berlim, na Alemanha.

fabricante de bens de consumo, ela foi eleita implantação industrial do ano em 2015 pela revista semanal de negócios francesa *L'Usine Nouvelle*. O diretor de operações, Mathieu Gaytté, ingressou na fábrica em 2012, num momento em que um plano de transformação massiva estava sendo iniciado.

"Hoje em dia, uma empresa de sucesso não pode se satisfazer com resultados medianos"

A aventura começa em 2011. Um novo diretor assume o comando da divisão de negócios da Kimberly Clark à qual a fábrica está associada. Mathieu Gaytté relembra: "Foi como um banho de água fria. Até aquele momento calibrávamos nossos esforços de melhoria em torno das equipes que tínhamos disponíveis". O novo chefe chega para sacudir as estruturas. Ele teria declarado: "Hoje em dia, uma empresa de sucesso não pode se satisfazer com resultados medianos". Aí começa a transição da empresa em direção à hipermanufatura. "Antes, já estávamos inciando esse processo, mas precisávamos de uma abordagem transformadora para obtermos mais agilidade em nossas ações cotidianas". O nível de exigência aumentou: foi traçado um objetivo de melhoria de 10 a 15% das máquinas secundárias e da máquina de papel nos quatro primeiros meses.

Romper com os silos: um dos maiores sucessos da transformação

Os esforços foram imediatamente direcionados para romper com os silos: "Designou-se um responsável geral para diferentes departamentos para transmitir a visão de um fluxo completo e contínuo dentro da fábrica". Não foi fácil fazer essa mudança. Segundo Gaytté, foram 20 anos de desconfiança mútua entre os responsáveis pela fabricação do papel e as equipes de transformação de papel: "Os problemas sempre eram culpa do outro departamento".

Paralelamente, foi feito um esforço muito grande para melhorar as competências das equipes em termos de manutenção de primeiro nível. As relações entre os responsáveis pela produção e os responsáveis pela manutenção melhoraram muito, pois as pessoas se começaram a se entender melhor. Ao relembrar esse período, Gaytté explica também como uma mudança de postura foi importante para restabelecer conexões entre as pessoas: "As questões de segurança e qualidade foram um pouco mais complicadas de lidar. A situação melhorou depois que contratamos um supervisor para cada setor. O departamento de qualidade melhorou no quesito da aplicação dos padrões de qualidade, pois passou a oferecer suporte de verdade, e não mais apenas fazer cobranças". Paralelamente a essas adaptações, o sistema de gestão também foi reestruturado, diminuindo a burocracia e acelerando a tomada de decisões: "O sistema de gestão reconectou as linhas de frente com a direção da empresa, em um movimento semelhante ao de um tentáculo".

Consumir menos para produzir melhor

Uma das grandes conquistas do plano geral foi a melhoria do consumo de energia. Segundo Gaytté: "Em um ano, em 2017, por exemplo, ganhamos mais de 6% com a diminuição de gastos de energia, o equivalente a cerca de 1 milhão de euros. Faz cinco anos que seguimos assim". A fábrica ainda mantém certos princípios norteadores ao definir seus planos de melhoria. É preciso que haja benefícios não só em termos de desempenho puro, mas também para o ecossistema e para todas as equipes. Alguns postos de trabalho foram reorganizados, por exemplo, para aumentar a segurança e o conforto de utilização.

O conforto do usuário: uma das principais chaves para o sucesso

"Sempre que nos voltamos para uma área para transformá-la, começamos pela lista de coisas irritantes que as equipes compartilham conosco e nos comprometemos a lidar com elas". Essa iniciativa vai ainda mais longe: espera-se que o usuário final das ferramentas que são modificadas ou criadas participe sistematicamente da modificação proposta. Mathieu Gaytté explica o valor dessa iniciativa para a evolução das competências: "Ao pedir a cada um que participe da avaliação de suas funções ou ferramentas, sejam elas físicas ou digitais, as equipes acabam descobrindo quais são suas necessidades em termos de treinamento e quais são as lacunas entre o que a função demanda atualmente e o que ela demandará no futuro". O trabalho voltado para o valor colaborativo almeja justamente isso, beneficiar todos os envolvidos na fábrica.

Melhor domínio dos dados e automatização bem-feita: um grande projeto a ser construído

A fábrica ainda enfrentará grandes desafios no futuro. Na visão de Mathieu Gaytté, os dois principais projetos para o futuro são o domínio dos dados e a automatização inteligente das tarefas repetitivas ou árduas. O objetivo é ter instalações industriais inteligentes, de modo que as competências humanas sejam empregadas da melhor forma possível e que o trabalho seja gratificante para as pessoas. Os dados são uma chave muito importante na indústria de processos: tornar a máquina de papel mais inteligente, adicionando camadas de algoritmos e de inteligência artificial, certamente será um grande desafio. Nas palavras de Gaytté: "Não podemos agir como aquelas pessoas que compram uma ferramenta incrível para fazer uma reforminha em casa no final de semana e usam apenas 1% de suas funções". O plano é aumentar as competências em toda a empresa. Quanto à automatização, isso será claramente uma questão importante para os custos de produção se a fábrica quiser continuar sendo uma referência e se beneficiar dos aprimoramentos que estão surgindo. Na Kimberly Clark, compreendeu-se que era necessário estar sempre em movimento, adaptando-se para acompanhar um ritmo que se acelera a cada dia. É por isso que a direção recentemente decidiu reintegrar agentes de mudança em cada um dos departamentos para garantir que as melhorias aconteçam de forma fluida e ágil.

Hipermanufatura:

10 perguntas que um líder deve fazer a si mesmo

- Minhas escolhas de desenvolvimento de produto levam em consideração a pegada de carbono ou a política de responsabilidade social corporativa (RSC) de meus parceiros?
- Meu aparato industrial e minha cadeia de suprimentos têm indicadores e ciclos de melhoria contínua, que garantem uma rápida redução e uma melhor triagem de resíduos, a economia de energia, uma maior proporção de energia renovável e um movimento para a autossuficiência energética?

- Estou recolhendo, armazenando e explorando suficientemente os dados de meus clientes a que tenho acesso? E os de meu processo industrial?
- As decisões são tomadas de forma suficientemente rápida em todos os níveis da empresa?
- Existem silos internos, dentro da empresa, ou externos, com meus parceiros?
- Implementei uma abordagem sistemática para automatizar todas as tarefas árduas ou repetitivas do meu sistema operacional?
- Encorajo minhas equipes a reduzir ao máximo a burocracia, eliminar a papelada e privilegiar ciclos de trocas diretas em que cada um assume a responsabilidade por suas ações?
- Existem recursos mal-explorados e, concretamente, observo que há máquinas, pessoas ou decisões que estão em modo de espera quando visito a linha de frente?
- Eu mesmo testo as soluções ou os produtos oferecidos aos meus funcionários e clientes para me certificar de que eles são confortáveis? Esse critério é realmente levado em conta em decisões relacionadas ao desenvolvimento ou às melhorias dos produtos e das ferramentas que usamos?
- Meu sistema industrial é suficientemente ágil para realizar customizações e se adaptar à volatilidade do mercado? Posso encurtar meus prazos de fabricação? O princípio do lote unitário é suficientemente entendido e estimulado como uma meta dentro de minhas equipes?

Princípio nº 2

Integração transversal

Condensar a cadeia de valor, descompartimentar os negócios e melhorar a conexão com o ecossistema para impulsionar o crescimento.

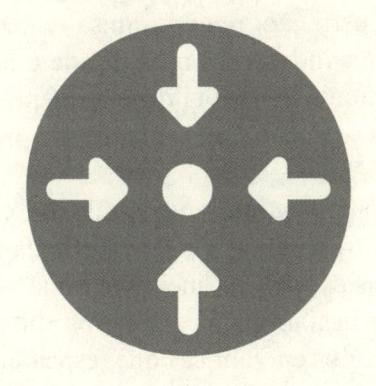

Se você quer algo bem-feito, faça você mesmo.

Henry Ford

O que é integração transversal?

Melhorar a fabricação é um princípio básico que ajuda a construir novos sistemas por meio da aceleração da execução na linha de frente. De maneira geral, o modelo operacional da Indústria 4.0 precisa impulsionar toda a organização, já que o surgimento do digital aboliu a ideia de distância física. Tudo acontece mais rápido, e as informações circulam instantaneamente ao redor do mundo. Como consumidores, estamos cada vez mais exigentes quanto aos prazos de entrega, tanto de produtos quanto de serviços, com uma demanda de atendimento em tempo real. Para lidar com essas consequências, o mundo industrial embarcou em um intenso processo de integração usando soluções digitais. A título de ilustração, uma pesquisa realizada pela PwC em 2016[1] com 2.000 líderes industriais mostra que o nível de integração vertical (em toda a cadeia de valor) deve aumentar de 41 para 72% até 2020 e a taxa de integração horizontal (entre profissões dentro da empresa) de 34 para 65%.

Paradoxalmente, o consumidor, que também é cidadão, reivindica uma volta ao local. Entre as novas gerações, a demanda por um propósito está cada vez mais expressiva, inclusive no ato da compra. É por isso que as pessoas privilegiam cada vez mais produtos com baixa pegada de carbono, produzidos em fábricas que respeitam o meio ambiente e sua região. A economia compartilhada, que está em ascensão, veio tanto para facilitar a vida das pessoas com a oferta de serviços inovadores quanto para reduzir o consumo de recursos naturais. O segundo princípio norteador do teslismo, a integração transversal, responde tanto à necessidade de capacidade de resposta quanto à de respeito ao meio ambiente. O objetivo é promover a integração de todas as funções na empresa, incluindo o cliente final, as profissões da cadeia de suprimento, os diferentes papéis de cada um nos projetos e os agentes do ecossistema da empresa — tudo isso estimulando ao máximo a conexão e o compartilhamento de dados entre todos os agentes para aumentar a capacidade de resposta e a geração de valor.

---

[1] PwC, *Global Industry 4.0 Survey*, 2016.

A obsolescência programada do mastodonte desarticulado

Ao passo que a Segunda Revolução Industrial apoiava a superintegração de grupos, como as fábricas da Ford — gigantes que produziam todas as peças automotivas imagináveis —, a Terceira Revolução Industrial fez exatamente o oposto. Abrindo fronteiras, liberalizando mercados, reduzindo custos de transporte e introduzindo a economia de mercado nos países emergentes, criaram-se oportunidades, aumentando, assim, a atratividade de um modelo de indústria em grande parte realocada para países com baixo custo de produção. Os grandes grupos têm se concentrado em seu ramo de atividade básica e em fazê-los crescer até que consigam dominar um segmento específico da cadeia de valor, enquanto aumentam significativamente sua lista de fornecedores para economizar custos de aquisição. No setor automotivo, por exemplo, surgiram grandes empresas, como Delphi, Valeo ou Faurecia. As cadeias de valor na Indústria 3.0 costumavam ser organizadas em "profissões", com líderes fortes no comando de cada nível da cadeia. Com o aumento das exigências nos prazos, cada um dos agentes dessas cadeias gradualmente foi tendo de transformar seu próprio modelo para acelerar o fluxo interno, tanto no desenvolvimento dos produtos quanto em sua fabricação. Para responder a essa demanda, o toyotismo introduziu o princípio da racionalização, em que as diferentes etapas de um determinado processo são reunidas sob uma mesma governança organizacional para aumentar a capacidade de resposta e oferecer aos clientes um serviço melhor. Essa forma de estruturar os fluxos de organização em torno de um produto ou de uma família de produtos pode gerar ganhos significativos em termos de capacidade de resposta em cada um dos negócios que compõem uma cadeia de valor. Desse modo, os prazos de resposta comuns passam de um mês para uma semana ou de uma semana para um dia, dependendo do setor.

Os melhores negócios conseguiam estender suas linhas de produção para além das fronteiras de sua empresa. Um exemplo extremo no setor automobilístico são os fluxos "síncronos", que fazem com que fornecedores de assentos ou para-choques consigam entregá-los para a empresa contratante em menos de três horas.

Contudo, na maioria dos setores ainda existem fricções nas interfaces entre participantes da cadeia de valor, gerando perda de valor para o cliente final. Além disso, a estratégia de foco em seu ramo de atividade básica conduz as cadeias de suprimentos à atomização, com centenas ou mesmo milhares de fornecedores interligados, até quatro ou cinco níveis a montante do fabricante do produto. Os grupos se tornam mastodontes que se desarticulam diante das dificuldades de gerenciamento dos fluxos de entrada e saída (*inputs-outputs*).

Da mesma forma, no quesito organização, a maioria dos grandes grupos tem dificuldades para implementar a filosofia da racionalização desde o início, no desenvolvimento do produto. As funções de produção a montante e a jusante tendem a funcionar em silos, tornando o fluxo mais lento e freando a geração de valor colaborativo.

Por fim, todos buscam atrair os melhores talentos, mas a lógica nesse sentido permanece "autocentrada": "com os melhores recursos, serei líder no meu setor". Empresas abertas a parcerias ou ao ecossistema continuam sendo a exceção, e não a regra, já que a maioria dos grupos é autossuficiente e dispõe de grandes batalhões de especialistas e funções de suporte.

A era da integração quádrupla

Inicialmente, quando o mundo digital surgiu, no início dos anos 2000, ele parecia ser uma continuação do movimento da Terceira Revolução Industrial. O capital de risco concentrava-se muito em *pure players* do digital, pois era possível ter grandes retornos de forma muito rápida, sem necessariamente investir tanto em capital físico. A indústria não estava, portanto, em seu melhor momento, e continuava a ser relegada a países emergentes distantes, como o iPhone da Apple, cuja concepção é feita nos Estados Unidos, mas 80% de sua fabricação ocorrem na China, com componentes que viajaram ao redor do mundo diversas vezes.

Contudo, há uma mudança de conjuntura após a crise financeira de 2008. O consumidor-cidadão do século XXI adquire necessidades muito diferentes com relação à época anterior. A demanda por consumo de massa de produtos baratos é substituída por uma demanda de produtos de alto valor de uso, desenvolvidos, fabricados e distribuídos com respeito às pessoas envolvidas no processo e ao planeta em geral. Além disso, os conceitos de "capacidade de resposta" e de "serviço ao cliente" — cujo ápice é a famosa "entrega com um clique" da Amazon — vêm ganhando cada vez mais importância com relação ao preço de venda. O "sob medida" torna-se a norma, acentuando ainda mais a tendência do final dos anos 1980, quando os princípios do *just in time* foram massivamente implantados na maioria dos grandes grupos, gerando uma enorme redução dos tamanhos de lote de fabricação na maioria dos setores. O novo paradigma torna-se, portanto, o tamanho de lote unitário, e o conceito de série vai desaparecendo. Como responder à quádrupla aspiração por um produto ao mesmo tempo ético, único, com grande valor de uso e entregue em "um clique"? A integração transversal é uma resposta a esse quádruplo movimento de integração e conexão, que Elon Musk foi um dos primeiros a compreender e incorporar em seu modelo estratégico e operacional. A integração transversal tem quatro níveis: estratégico, organizacional, tecnológico e periférico (Figura 3.3).

Nível 1	Nível 2	Nível 3	Nível 4
↑	→	◉	✳
Integração vertical estratégica	Integração horizontal organizacional	Integração transversal tecnológica	Integração periférica social e ambiental

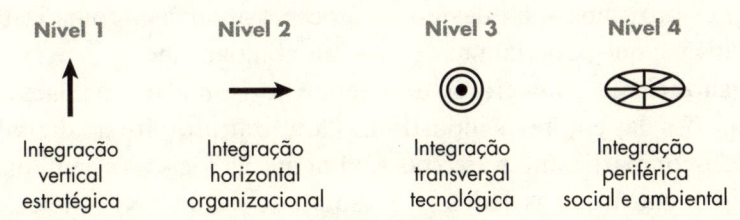

Figura 3.3 Os quatro níveis da integração transversal.
Fonte: Opeo.

Estratégica, a integração do nível 1 é vertical e se aplica ao conjunto da cadeia de valor, respondendo à demanda cada vez maior por reatividade no conjunto das cadeias industriais. Graças às novas tecnologias e plataformas, fica cada vez mais fácil acessar o cliente final e "disruptar" a cadeia de valor por meio dessa integração crescente, tanto internamente quanto com os parceiros. Esse retorno ao que chamávamos de "integração vertical" no início do século XX pode se desenrolar em três etapas. O primeiro estágio é uma integração entre clientes e fornecedores de um mesmo setor graças a ferramentas como o intercâmbio eletrônico de dados (EDI, do inglês *electronic data interchange*) que possibilitam a integração de maneira muito fluida das demandas a jusante com os sistemas de TI a montante, mas também o codesenvolvimento de sistemas complexos por meio do trabalho colaborativo. O segundo nível envolve a disrupção de um segmento da cadeia de valor a jusante para acessar o cliente final. A prova disso é que cada vez mais fornecedores de equipamentos industriais oferecem soluções completas para seus clientes finais, incluindo serviços de manutenção ou otimização dos parâmetros de produção dos equipamentos. As fronteiras entre setores se tornam mais permeáveis, especialmente entre a logística industrial e a indústria manufatureira pura. Por último, o terceiro estágio envolve uma política industrial de compra ou integração mais direta das profissões ou empresas a montante da cadeia, graças a tecnologias inovadoras, como a impressão 3D, ou simplesmente pela aquisição financeira. Dessa maneira, alguns negócios que tinham desaparecido dos países ocidentais podem ser realocados e reintegrados na cadeia de produção local para aumentar a capacidade de resposta de fabricação. Como exemplo, temos o polimento nos setores de luxo, que viverão uma reviravolta nos próximos anos, devido ao processo atual de automatização significativa, e que poderiam reavivar a rentabilidade local.

Organizacional, a integração de nível 2 é horizontal e está relacionada às funções das empresas industriais. Para tirar proveito do digital, é preciso descompartimentar. Isso possibilita que as decisões sejam tomadas rapidamente e que os dados — o tesouro do século XXI — circulem com fluidez para serem usados na geração de valor. Esse processo tem duas consequências principais. A primeira é que uma empresa pode pedir às empresas vizinhas para coletar dados que sejam úteis ao seu funcionamento. Como exemplo, há cada vez mais fabricantes de bens de consumo que têm sua própria rede de distribuição e que autorizam os gerentes da cadeia de suprimento a recolher dados em sua rede comercial, incluindo nas próprias lojas, a fim de obter dados em tempo real de produtos consultados, testados e vendidos. A ideia é otimizar seus estoques e seu processo de planejamento. Na outra ponta do espectro, esses mesmos gerentes da cadeia de suprimentos solicitam o acesso a dados de fabricação local ou de serviço pós-venda para identificar o estágio em que cada produto encomendado está e, assim, oferecer ao cliente final informações qualitativas sobre prazos de entrega e informações técnicas de reparo. Além da esfera de produção, isso é ainda mais forte na fase de desenvolvimento de novos produtos. Os métodos ágeis, que possibilitaram que o mundo digital lançasse muito rapidamente novos produtos ou novos aplicativos no mercado por meio do *testar e aprender*, podem ser facilmente transpostos para o universo industrial, em especial graças a uma integração digital muito boa. Ela permite que uma ideia seja transposta para uma modelagem 3D, que um protótipo seja muito rapidamente criado em impressão 3D, que trocas em ciclos curtos sejam realizadas com os clientes e que se possam lançar de maneira praticamente instantânea o programa da máquina, as modelagens, os padrões operacionais e as listas de tarefa. No final da cadeia, os *softwares* de edição — como o Erméo, de manutenção, ou o Diota Soft, de realidade aumentada — criam ferramentas que permitem, a partir da modelagem de peças 3D e de suas especificações, gerar muito rapidamente níveis de manutenção preventiva ou procedimentos operacionais em realidade aumentada. No fim das contas, a fronteira entre todas os negócios envolvidos (cadeia de suprimentos, comércio, produção, métodos industriais, manutenção ou mesmo desenvolvimento de produtos) acaba se tornando cada vez mais permeável. É uma integração horizontal, na qual cada território é questionado, pensando-se na otimização de uma ponta à outra da cadeia.

Tecnológica, a integração de nível 3 é transversal para possibilitar a hibridização dos negócios industriais tradicionais com o mundo digital e a gestão de mudança. A transformação associada às mudanças tecnológicas é tão grande que ela não pode ser feita em silos. São necessárias uma arquitetura multifacetada e uma capacidade de fazer com que trabalhem juntas, cotidianamente, pessoas de universos muito diferentes, que não estavam acostumadas a isso. Assim, o lançamento de uma nova instalação ou a transformação de grupos industriais são tarefas cada vez mais atribuídas a pessoas com dupla experiência: ex-gerente operacional e ex-gerente de TI, com um nível muito significativo de habilidades em informática industrial. Como exemplo, temos a declaração do responsável do Schmidt Group, um dos líderes no setor de fabricação de cozinhas sob medida, que disse recentemente ter reduzido seu tempo de fabricação de 10 dias para apenas um dia após aumentar a porcentagem de engenheiros informáticos para 20% da força de trabalho total.

Por último, a integração 4.0 também é **periférica**. Sendo social e ambiental, ela garante a coexistência harmoniosa entre a fábrica e seu território e, ao mesmo tempo, permite maximizar a economia circular; reduzir a pegada de carbono, o consumo de energia e a poluição; facilitar a colaboração local entre empresas, nos setores, bem como com o poder público, as escolas, os ribeirinhos e, de modo geral, com todo o ecossistema da fábrica. Por fim, e acima de tudo, permite revitalizar o emprego nos territórios que o geógrafo Christophe Guilluy chama de "periféricos"[2]. Esses territórios sofreram mudanças significativas no período pós-guerra, passando de uma economia agrícola para uma economia industrial, e muitas vezes experimentam um declínio econômico muito forte, causado por 30 anos de globalização acelerada do comércio, que levou a uma queda significativa no PIB industrial de países como a França. Um exemplo semelhante pode ser encontrado no ramo de energia. Fábricas francesas pertencentes a grandes grupos do agronegócio firmaram o compromisso de se tornar autossuficientes até 2030. Alguns deles já começaram a propor acordos de cogeração de energia elétrica em parceria com outras indústrias locais. Temos, ainda, o exemplo de um fornecedor de automóveis de nível 1 que lançou um laboratório tecnológico para promover o desenvolvimento de competências que ainda não estão disponíveis no mercado e planeja abri-lo às pequenas e médias empresas locais para limitar o investimento e beneficiar toda a região da massa crítica que ele criou como contratante. Por fim, como último exemplo de experiência nesse sentido, temos várias iniciativas em andamento para facilitar percursos de aprendizagem entre empresas ou para permitir que empresas com atividades anticíclicas compartilhem seus recursos e garantam emprego a pessoas que estão atualmente em contratos precários.

O que a Tesla nos ensina

Com Elon Musk, a integração transversal é levada quase ao extremo. A SpaceX, por exemplo, fabrica 80% de seus foguetes em solo americano, ao passo que sua principal concorrente, a ULA (uma aliança

---
[2] Guilluy Christophe, *La France périphérique*, Flammarion, 2014.

da Boeing com a Lockheed Martin), em declarações registradas, se orgulha de contar com uma rede de 1.200 subcontratados espalhados por todo o mundo, com toda a dificuldade de gestão e a lentidão operacional que isso significa. É surpreendente que a Tesla fabrique seus próprios painéis e assentos internamente, algo único no setor automotivo. Desde o início, essa foi uma escolha estratégica muito clara de Elon Musk, ligada tanto ao seu desejo de reatividade quanto ao fato de a empresa, muito inovadora, não ter a garantia do apoio dos fornecedores tradicionais, que se mostravam descrentes quanto ao modelo ou que não queriam investir em um negócio com baixos rendimentos. Isso não apenas deu à empresa uma vantagem em termos de tempos de produção, como também reduziu o risco de falha em uma parte da cadeia de valor e restaurou uma forma de governança ao conjunto do processo. De acordo com Tom Mueller, engenheiro no comando da SpaceX: "Temos controle de tudo, temos nosso próprio local de teste e reduzimos o tempo de trabalho pela metade"[3]. Na Tesla, Elon Musk adquiriu a empresa Grohmann, especialista em automatização industrial, para ter maior domínio interno da tecnologia de base da fabricação de veículos. No entanto, a integração também se volta para o exterior, para além do setor de atividade da Tesla. Elon Musk investiu no fornecedor de energia SolarCity e na criação de várias fábricas de baterias com o objetivo de vender o conceito a terceiros. Em resumo, a visão estratégica geral dessa integração é a de que tudo que permita gerar valor de uso para o consumidor final deve ser integrado. A longo prazo, a meta é que o produto que a Tesla oferece ao cliente (nesse caso, o carro) funcione como um elo de uma cadeia energética mais ampla, conectada às casas das pessoas e a outros veículos por meio da rede elétrica inteligente — ou *smart grids*. Elon Musk considera também iniciar um serviço de locação entre particulares, que poderiam oferecer seus veículos autônomos para aluguel. São inúmeras e crescentes as linhas de serviço anexas às principais linhas de fabricação de automóveis. Isso se traduz na necessidade de ter pleno controle sobre o núcleo do reator para que essas ideias "relacionadas" possam ser desenvolvidas.

---

[3] Vance Ashlee, *op. cit.*

Com relação ao nível 2 (integração organizacional), Ashlee Vance relembra sua surpresa ao descobrir que, na SpaceX e na Tesla, as equipes compartilham o espaço de trabalho e trabalham de forma totalmente descompartimentada. Os *nerds* e os trabalhadores de "colarinho azul" convivem na oficina diariamente sem nenhuma distinção de nível ou de função, e se esforçam juntos para resolver problemas com a aplicação do método Scrum[4], como na maior parte das *start-ups* do mundo. Uma visita à Tesla transmite uma forte impressão de que cada funcionário e cada função está no mesmo nível: os escritórios são todos abertos, mesmo na oficina de produção, e as funções de "suporte" são totalmente conectadas com as funções centrais, de modo que, à primeira vista, é impossível distingui-las. Em um nível superior, o da cadeia de suprimentos, Elon Musk está testando uma logística entre instalações completamente internalizada. Alguns chegam a afirmar que o projeto do "caminhão elétrico", divulgado recentemente, tem como objetivo principal responder a essa estratégia de internalização. A ideia é criar uma frota de caminhões que seguem uns aos outros, com um motorista conduzindo o primeiro caminhão e os seguintes sendo guiados por direção automática. Isso permitiria ganhos significativos em termos de logística entre instalações, por exemplo, no transporte de baterias da Gigafactory. Haveria, portanto, economia de energia e de mão de obra. Além disso, esse projeto atende perfeitamente à necessidade de autonomia que auxilia na melhoria da capacidade de resposta entre instalações. Ter esses caminhões possibilitaria, ainda, que eles fossem recarregados fora dos horários de pico e, portanto, que se pagasse menos pela eletricidade.

O próprio Elon Musk insiste na importância da integração de nível 3 (tecnológica): "Se você programa, também tem de conseguir trabalhar com mecânica"[5]. Ele compreendeu rapidamente que a união entre átomo e bits é fundamental para o sucesso no Novo Mundo, em que a conexão e a capacidade de resposta são pressupostos, mas apenas o digital

---

[4] N. de T.: Parte das metodologias ágeis e comumente utilizado por desenvolvedores de *softwares* e sistemas, é um método de trabalho no qual são organizados pequenos ciclos de atividades dentro de um projeto. Esses ciclos, chamados de *"sprints"*, são planejados previamente e têm um tempo predefinido, durante o qual as tarefas devem ser realizadas pela equipe.

[5] Fabernovel, *op. cit.*

não é suficiente para transformar integralmente um sistema e alcançar aquilo que foi definido como meta. Suas equipes são formadas pelos melhores engenheiros de TI e cientistas de dados de Palo Alto, talentos vindos da Apple ou do Google, frequentemente atraídos muito mais pelo projeto da Tesla do que pelo salário. Nas fábricas, o digital está presente em toda parte, e é impressionante ver que a maioria dos funcionários que circulam na oficina carrega dispositivos digitais consigo e que os espaços compartilhados estão cheios de material informático. As equipes de industrialização da Tesla explicam que essa aproximação entre as profissões é única e gera uma velocidade de desenvolvimento muito maior, mesmo que isso muitas vezes traga como desvantagem uma organização menos robusta e rigorosa.

Por fim, em termos de integração de nível 4 (periférica), Elon Musk surge como precursor em relação a seus colegas do Vale do Silício, que continuam, em sua maioria, desenvolvendo soluções inovadoras nos Estados Unidos, mas as fabricando no exterior. Ele afirma: "Quando os Estados Unidos pararam de fabricar telas de televisão e aparelhos eletrônicos básicos de consumo geral, também perderam a capacidade de desenvolver telas planas e baterias, elementos essenciais para celulares e para toda a economia do século XXI"[6]. Em seu discurso, estão presentes a noção de orgulho e o sentimento de pertencimento à comunidade da qual faz parte. Sabendo disso, fica claro por que ele assumiu a fábrica da Nummi — um movimento de alto valor simbólico, pois se tratava da antiga fábrica da General Motors, adquirida pela Toyota no início dos anos 1980, na qual os estadunidenses descobriram os princípios do *lean manufacturing*. Ao fazer isso, ele permitiu que milhares de funcionários trabalhassem em um ambiente que promove a fabricação local de uma parte muito grande do valor agregado do veículo, incluindo os componentes eletrônicos básicos, cuja fabricação, por muito tempo, foi massivamente terceirizada e realocada. Ashlee Vance narra como Musk — que cresceu na África do Sul, mas reconhece que deve muito aos Estados Unidos — motiva centenas de assalariados que vão trabalhar com a bandeira dos Estados Unidos, restabelecendo, dessa forma, o orgulho por seu trabalho cotidiano.

---

[6] *Ibid.*

Depoimento da Sew-Usocome

"Embarcar na integração transversal antes de todo mundo"

O grupo Sew é uma daquelas grandes histórias de sucesso empresarial que a indústria alemã conhece bem. Particularmente reconhecida no segmento de projeto e fabricação de motores e motorredutores, a empresa está fazendo uma transição gradual para o fornecimento de soluções dedicadas, por exemplo, à automatização de máquinas ou à logística industrial. Jean-Claude Reverdell integrou o grupo em 2018 e dirige a subsidiária francesa desde 2015. Em 2010, a equipe de gestão percebeu que a instalação de Haguenau, principal unidade de produção local, estava se tornando pequena demais para dar conta do crescimento do volume de negócios. Ele decidiu, então, abrir uma nova instalação em Brumath. Aplicando uma lógica da indústria tradicional, a equipe decidiu aproveitar essa oportunidade para lançar um projeto único: fazer dessa instalação um modelo para a Indústria 4.0. Havia três razões pelas quais essa ideia era interessante para o grupo. Ela permitiria aumentar a competitividade, testar certas soluções avançadas e melhorar sua reputação aos olhos dos clientes e de seu ecossistema. Durante essa jornada, que daria à luz uma das instalações de produção mais avançadas em termos de logística automatizada, nasceram novas profissões e novas vocações. Yannick Blum é um dos técnicos que teve a oportunidade de participar desse projeto e mudar de profissão ao longo do caminho. Ele se tornou responsável pela gestão do processo de veículos guiados automaticamente (AGVs). Reverdell e Blum compartilham a seguir como eles enxergaram essa grande mudança.

Integração vertical: alavanca de agilidade histórica na Sew-Usocome

A integração vertical vem sendo há muito tempo um objetivo estratégico da Sew-Usocome. Na França, a empresa fabrica a maior parte de seus componentes e tem a maioria das profissões necessárias para fabricar os motores e redutores que saem da linha de montagem final, incluindo corte, usinagem, bobinagem, fundição, etc. "Nossa filosofia de negócios é ser altamente integrados. Terceirizamos apenas uma parte da produção de componentes-padrão ou operações relacionadas a profissões muito específicas", explica

Jean-Claude Reverdell. Ele vê essa estrutura corporativa como uma vantagem incomparável, pois ela permite industrializar os produtos do futuro muito mais rapidamente e de forma muito melhor, já que a empresa tem, internamente, todas as competências necessárias. Para Jean-Claude Reverdell, esse é um fator determinante: "Em nosso relacionamento com nossa matriz, refletimos constantemente sobre quais são as expectativas de nossos clientes para os produtos no futuro. Hoje, os clientes procuram soluções e serviços, e não apenas produtos. Sem uma integração significativa, não teríamos a capacidade de criar projetos tão rapidamente nos guiando pelas necessidades do mercado".

A integração horizontal para melhorar a competitividade e diminuir os prazos de fabricação

A construção de um novo local de montagem em Brumath também reforçou a integração. Trabalhou-se muito nas questões de logística interna[7] nas instalações de montagem de Brumath, com repercussões nos fornecedores internos e externos, incluindo fluxos físicos "puxados ao máximo", com contêineres menores para acelerar os fluxos, redução do tamanho dos lotes e melhorias no sequenciamento de carros. "Tivemos ganhos em eficiência operacional, graças ao nosso alto nível de integração interna e à maior proximidade com nossos fornecedores", continua Jean-Claude Reverdell. A validação de um pedido agora dá início a um processo de produção perfeitamente orquestrado, que começa com a preparação das peças necessárias para a montagem do produto. Todos os artigos são recolhidos em um depósito que é totalmente automatizado com as próprias soluções de *picking* da Sew-Usocome. Os transelevadores recolhem, então, os diversos componentes nas células das estantes de armazenamento. Nas mesas de *picking*, os preparadores os colocam nas bandejas correspondentes a cada um dos produtos a serem fabricados. Essas bandejas são então transportadas automaticamente para a ilha de montagem por um AGV. Os 37 AGVs, que percorrem mais de 400 quilômetros por dia, são carregados por indução e totalmente projetados pela Sew-Usocome para funcionar 24 horas por dia.

---

[7] Parte da logística que se refere ao fluxo de peças dentro da fábrica e para fora dela. Tradicionalmente executada por empilhadeiras, ela vem sendo cada vez mais automatizada.

A integração transversal entre a informática industrial e as operações: o alicerce do sucesso do projeto

Contudo, como passar de um mundo de logística tradicional para um mundo "4.0", com um nível muito alto de automatização da manutenção? Uma das chaves, de acordo com Jean-Claude Reverdell, é o nível de integração entre as funções "TI" e "operacionais" da empresa: "No meio industrial atual, a fabricação é impossível sem a informática. Isso é ainda mais importante no nosso caso". A fábrica de Brumath produz 4.500 produtos por dia, todos configurados no momento do pedido, de acordo com as especificações do cliente. Os motorredutores são compostos por 20 a 25 elementos principais de um total de mais de 50.000 referências possíveis. Isso significa que existem milhões de variantes, que podem ser combinadas de acordo com a demanda específica do cliente. Para obter a flexibilidade e a capacidade de resposta necessárias para a montagem de produtos, que, devido a suas especificações, são praticamente únicos, as ferramentas de produção foram conectadas aos sistemas informatizados responsáveis pela gestão de pedidos e fluxos logísticos. Os autômatos que pilotam os diferentes equipamentos de produção interagem com o ERP. Os fluxos de informação digital e os fluxos físicos estão perfeitamente sincronizados, desde o registro de uma encomenda, ao longo das etapas de fabricação, até a entrega do produto final.

Confiança e qualidade de vida no trabalho, uma fonte de valor oculta, mas decisiva

Indústria 4.0 não é sinônimo de indústria sem pessoas. Nas palavras de Jean-Claude Reverdell, "não é o digital que vai fabricar o produto". O foco agora é melhorar as condições de trabalho e reduzir as tarefas árduas — o que significa que, apesar do alto grau de automatização das instalações, Reverdell continua convencido de que o envolvimento das equipes é a chave para o sucesso. Afinal, os futuros usuários sempre tiveram a melhor visão de como novos processos devem ser definidos. Segundo Reverdell: "Primeiro de tudo, é preciso estabelecer um diálogo honesto com as pessoas. Em segundo lugar, empenhar-se muito no treinamento delas. Em nossa empresa, passamos em torno de 8 a 10 dias treinando cada trabalhador nas novas linhas de montagem, e muito mais tempo quando são processos mais automatizados. Por último, é preciso capacitar e confiar nas equipes. Elas têm um envolvimento muito concreto na definição das futuras linhas graças às construções de modelos em tamanho real". O visitante das instalações de Brumath, portanto, pode se surpreender ao descobrir linhas de papelão dentro da fábrica. Isso é possível porque a direção confiou nos usuários para adaptarem seus postos de trabalho. São eles que desenvolverão as linhas de montagem em que trabalharão no futuro, em colaboração com um especialista em *lean manufacturing* e alguém da engenharia. No entanto, isso não é tudo. As verdadeiras alavancas para o envolvimento da equipe podem estar onde não se espera. A visita de Reverdell às instalações começa sempre pelo restaurante da empresa e pelas áreas de "não produção", como, por exemplo, a academia e os espaços de descanso, dos quais ele se orgulha particularmente: "E não é só isso; organizamos eventos: confraternizações após o trabalho, *workshops* de bem-estar, concursos de árvores de Natal usando apenas materiais reciclados, etc. São adicionais, mas estou convencido de que são essenciais para a motivação e o bem-estar no trabalho". Em geral, o foco no bem-estar das equipes e no trabalho com respeito ao ecossistema é a marca registrada da empresa.

O nascimento de novas profissões, o início de uma aventura emocionante

Entre as principais fontes de satisfação associadas à criação dessa nova instalação, Jean-Claude Reverdell insiste no nascimento de novas profissões, o que permitiu que certas pessoas se revelassem e adquirissem conhecimentos decisivos para o futuro. Esse é o caso de Yannick Blum. Tendo chegado em 2005 às instalações de Haguenau, de onde nunca saiu, Blum trabalha desde então como técnico no departamento de "métodos". Ao relembrar sua experiência na Sew-Usocome, ele não tem dúvida: "Sou um filho da Sew--Usocome, então não tenho nada de ruim para dizer sobre a empresa, mas o melhor período para mim é, sem dúvida, o mais recente, entre 2014 e 2017. Participei de um projeto que envolveu mais de cem pessoas para criar uma nova instalação. É algo que não acontece todos os dias. Haguenau foi uma ótima experiência; Brumath será um novo capítulo dessa história". Além do projeto, Blum também fala das incertezas e fontes de realização profissional associadas ao nascimento da nova profissão de coordenador do processo de controle do AGV: "No início, achávamos que seriam necessárias duas pessoas, mas depois nos demos conta de que isso não seria suficiente; então, hoje somos cinco. Eu trabalho como coordenador, e há duas pessoas em cada equipe para gerenciar a manutenção e controlar as máquinas. Dessas cinco pessoas, duas eram antigos técnicos em métodos e processos, outras duas eram operadores na linha de produção e uma pessoa foi recrutada. Fica claro que houve uma mudança real na profissão, já que a manipulação das caixas, que antes era feita com empilhadeiras, agora está sendo gerida com muito mais recursos técnicos. Segundo Blum: "O problema é que estávamos tentando integrar tecnologias de ponta com as quais ainda estávamos nos familiarizando naquele momento". Nesse sentido, a colaboração com a matriz foi essencial. "Fomos treinados por colegas alemães e aprendemos o passo a passo de tudo, começando do zero". Blum também concorda que a integração é, portanto, uma chave essencial em um projeto de Indústria 4.0, tanto é que agora ele se arrepende de não ter conseguido adquirir todas as competências necessárias para dominar o sistema: "Na hora de modificar o programa, tenho de recorrer aos nossos engenheiros de automatização, que devem agir rapidamente para não interromper o funcionamento correto dos fluxos".

O futuro da indústria? Reverdell e Blum não têm dúvidas. Nas palavras deste: "A ferramenta da linha de frente não é mais uma caixa de ferramentas e um bloco de notas, mas um computador". Reverdell complementa: "O futuro significará uma proximidade cada vez maior com nossos clientes para fabricar produtos adequados, vender serviços inovadores e aconselhamento de qualidade. Para isso, precisaremos de pessoas altamente qualificadas. O exemplo de Blum mostra como a indústria poderá se desenvolver no futuro e como será essa progressão de competências.

Integração transversal:

10 perguntas que um líder deve fazer a si mesmo

- É possível conectar meus produtos ou obter dados dos usuários finais dos meus produtos, a fim de oferecer serviços inovadores e "disruptar" meu próprio mercado?
- Existem atividades estratégicas da minha cadeia de valor a montante que poderiam ser executadas mais rapidamente se eu mesmo as fizesse?

- Já tentei integrar uma parte da cadeia de valor testando novas tecnologias relacionadas, em especial, à cadeia logística, com o objetivo de melhorar a capacidade de resposta e a customização?
- Estou fazendo um uso adequado do digital para o compartilhamento de dados e a colaboração entre as funções da empresa de uma ponta à outra da cadeia (*marketing*, P&D, comércio, cadeia de suprimentos, produção, pós-venda, etc.)?
- Na posição de líder, estou promovendo uma mentalidade voltada para a transparência, a abertura e o apoio mútuo para que o compartilhamento de dados gere valor colaborativo?
- Já tentei trabalhar em parceria com uma *start-up* em meu ecossistema para codesenvolver um novo produto ou digitalizar/testar novas tecnologias em meu sistema operacional?
- Minhas equipes operacionais e de TI foram suficientemente integradas nos programas de transformação que lidero?
- Trabalho proativamente com o RH para recrutar perfis híbridos ou desenvolver formações híbridas de informática e operações, em especial para criar cargos de "arquiteto 4.0"?
- Participo dos *clusters* — ou arranjos produtivos locais — e das diferentes iniciativas do meu setor/dos meus polos de competitividade?
- Já tentei implementar iniciativas com industriais ou autoridades locais para melhorar meu impacto ambiental na região e acelerar a economia circular?

Princípio nº 3

Hibridização de *software*

Otimizar o digital para criar inovações disruptivas, melhorar a eficiência do sistema e obter melhores benefícios de uma ponta à outra da cadeia de suprimentos.

Em resumo, o software *está devorando o mundo.*

Marc Andreessen Horowitz

O que é hibridização de *software*?

Junto à aceleração de processos de organização pela hipermanufatura e pela integração transversal, um dos objetivos-chave do modelo operacional da Indústria 4.0 é tirar partido da hiperconexão entre pessoas, máquinas e produtos. Nossa vida cotidiana está sendo invadida por aplicativos e redes sociais. Eles simplificam as transações, ampliam as conexões e contribuem de forma muito clara para a geração de valor de "uso", dando-nos acesso a serviços que antes não existiam ou melhorando a qualidade desses serviços, hibridizando nossas ferramentas cotidianas com ferramentas digitais. O número de usuários da internet aumentou de 1,6 bilhão de pessoas em todo o mundo em 2008 para 4,1 bilhões em 2016. Segundo a União Internacional de Comunicação, desses 4,1 bilhões, 2,5 bilhões são usuários de soluções de internet móvel.

Para além de seu impacto na vida cotidiana, o mundo do *software* está consumindo pouco a pouco todos os setores econômicos e permitindo que todas as cadeias de fabricação e distribuição se revolucionem internamente para oferecer melhor capacidade de resposta, melhorar a eficiência de atendimento e gerar valor, de uma forma ou de outra, para o cliente final. Uma pesquisa realizada pela Deloitte, em 2016[1], com 500 líderes industriais, mostra que a internet industrial nas fábricas, a conexão de produtos e a digitalização de processos serão os três principais desafios tecnológicos dos próximos anos na Europa e nos Estados Unidos. Esse fenômeno massivo a que estamos assistindo nos últimos 10 anos é a hibridização de *software*, a evolução final da computação industrial. Nenhuma parte da vida econômica escapa à invasão do *software* (programas e soluções digitais). Os enormes computadores da década de 1970, com seus cartões perfurados, foram rapidamente substituídos por monitores com interface gráfica, depois por *notebooks* e, finalmente, por *smartphones*. Estes últimos carregam cada vez mais funcionalidades, que, por sua vez, se tornam cada vez mais sofisticadas, graças a três grandes mudanças: a nuvem, as interfaces e a aceleração da velocidade de conexão, que permitem deslocar o armazenamento de dados, bem como o poder de processamento para "centralizar" a complexidade e tornar a interface cada vez mais intuitiva.

---

[1] Deloitte, *2016 Global Manufacturing Competitiveness Index*.

O *smartphone* que cada um de nós carrega no bolso é a materialização de anos de P&D e bilhões de dólares investidos pelo GAFA.

Na indústria, de uma forma muito concreta, a digitalização — no sentido amplo do termo — permitiu a automatização, a robotização, a aceleração e o aprimoramento das capacidades de aprendizado dos processos industriais. Desse processo, participam o *hardware*, que progride exponencialmente (dispositivos IoTs, *cobots*^{2}, impressão 3D), e o *software*, que permite conectar o todo, torná-lo ágil, com um bom conforto na utilização diária, e hibridizar o mundo da transformação física com o mundo digital. Antes de observarmos com mais detalhes os impactos e as oportunidades relacionados à hibridização de *software* em toda a empresa, é interessante relembrarmos o nascimento do *software* industrial, um dos alicerces da Indústria 3.0.

O nascimento do *software* industrial

Os primórdios das tecnologias de ponta atuais surgiram junto com o fenômeno massivo da globalização, no início da Indústria 3.0. Os primeiros robôs industriais surgiram nas indústrias manufatureiras para substituir humanos em tarefas repetitivas ou que exigiam um alto nível de destreza. O setor automotivo foi um dos primeiros a se apropriar deles, especialmente na fabricação de chapas de metal e, em seguida, na pintura e em algumas operações de montagem. Contudo, em outros setores ou em pequenas empresas, a implementação desses robôs da Indústria 3.0 permaneceu muito limitada. Isso porque ela requer habilidades avançadas em termos de programação e manutenção das máquinas, além de um custo muito elevado e uma utilização complexa, pois os robôs devem ser completamente isolados por barreiras físicas ou sensores para evitar acidentes. Sob uma ótica digital, é o início da computação industrial sendo as indústrias de processo as primeiras a se beneficiar do potencial da automatização. No entanto, esse movimento ocorre isoladamente em cada estágio do fluxo de fabricação, sem conexão com o resto da fábrica. As interfaces humano-máquina permanecem rudi-

---

^{2} N. de T.: Robôs industriais colaborativos de última tecnologia que interagem diretamente com os humanos.

mentares e projetadas para usuários experientes, o que significa que as habilidades de instalação, controle e manutenção dos sistemas acabam criando barreiras muito altas à adesão a essas tecnologias. Além das melhorias locais geradas pelas novas tecnologias, temos o surgimento consecutivo dos primeiros sistemas ERP, cujas funções ultrapassaram o âmbito da execução das operações, possibilitando também estruturar os dados da empresa e aprimorar a comunicação com o exterior (pedidos dos clientes e ordens de compra). A instalação desses sistemas também foi complexa, pois envolveu muitas profissões que compõem a empresa, além de requerer recursos muito especializados. A maioria dos grupos tem departamentos dedicados à configuração e à manutenção dos sistemas. Observaram-se muitas tentativas malsucedidas de implementação desses sistemas em estruturas menores, que não tinham condições de adquirir essas competências, culminando em uma frequente subutilização das funcionalidades dessas máquinas, que são grandes e muito potentes, porém rígidas. Em resposta a isso, assistimos à difusão da lógica do *lean management* — ou "gestão enxuta" —, que defende uma volta ao "real" e a uma forma de desconexão dos sistemas informáticos locais nos estabelecimentos de fabricação, com o intuito de direcionar a atenção das equipes para os fluxos físicos reais. Métodos como fluxos puxados guiados por *kanbans* — um sistema muito prático de cartões de papel em um quadro dividido em colunas, que auxiliam na gestão do fluxo e na indicação das tarefas a serem realizadas —, ou a gestão visual, possibilitam uma certa independência desses sistemas, que cada vez mais passaram a ser vistos como grandes caixas-pretas, nem sempre bem configuradas e que geralmente minavam iniciativas concretas.

Por fim, o gerenciamento transversal de projetos tornou-se cada vez mais "isolado" por profissões que se reestruturaram para enfrentar essa evolução tecnológica e a mudança cada vez mais rápida do mercado. O desenvolvimento de produto tornou-se decisivo para assegurar uma boa conexão entre as funções de industrialização e de produção, bem como todos os processos que atravessam a empresa e servem como uma rede de segurança contra esse isolamento natural. Um exemplo claro disso foi a profissionalização do planejamento industrial por meio de processos como planejamento de vendas e operações (S&OP, do inglês *sales and operations planning*).

Software: o novo DNA do sistema

A disseminação do digital na vida cotidiana está alterando totalmente a visão "mastodôntica" da economia, segundo a qual os maiores superam os menores por terem mais facilidade para realocar e amortizar seus custos fixos aumentando o volume de produção. Por um lado, o digital acentuou a emergência da economia de funcionalidade, com uma forte procura por serviços associados a produtos manufaturados, e, por outro, a proliferação dos fluxos imateriais fez com que o consumidor se acostumasse à simultaneidade entre o ato de compra e a prestação de um determinado serviço. Essa exigência está gradualmente se transferindo aos bens físicos, que os clientes querem que sejam entregues no mesmo dia e, no futuro, na mesma hora. A boa notícia é que o digital representa tanto o problema quanto a solução para essa grande reviravolta no setor industrial. Num mundo em que os clientes usam seu celular 200 vezes por dia, a indústria precisa se adaptar para que seus processos permitam capturar todos os dados possíveis desse comportamento viciante, acelerar os ciclos de desenvolvimento de produtos, fabricar e distribuir de forma mais eficiente e descompartimentar o fluxo de dados de uma ponta à outra da cadeia, a fim de oferecer um atendimento melhor ao cliente e capitalizar melhor as competências da empresa.

A hibridização de *software* no *design*

Nas profissões de desenvolvimento, o *software* é usado há várias décadas para acelerar a velocidade do *design* de peças, com ferramentas tridimensionais que permitem representar um objeto físico cada vez mais fielmente. Além dessa capacidade de modelagem, temos hoje ferramentas de simulação para testar especificações dinâmicas de produtos e, assim, economizar tempo de teste, além de ferramentas de realidade virtual para visualizar um objeto em seu ambiente e poder interagir diretamente com ele. Os clientes podem não apenas visualizar como o produto pode ser utilizado, mas também contribuir na preparação das fases de produção a jusante desse mesmo produto, em especial níveis de trabalho em ambientes restritos.

Além disso, graças à conexão entre postos de trabalho, profissões e empresas com os seus clientes e fornecedores, esse ganho local é acompanhado agora por ganhos muito mais estruturantes em termos de capacidade de colaboração em um projeto complexo. Num mundo em que competências avançadas em tecnologia são cada vez mais valiosas, conseguir trabalhar remotamente sem dificuldades de versões de produtos é essencial — da mesma forma que é essencial a capacidade de conceber produtos de forma ágil, integrando as modificações das especificações pedidas pelos clientes, mesmo em fases avançadas do processo de desenvolvimento.

Por fim, no que diz respeito às tecnologias físicas, o surgimento da impressão 3D constituiu uma ponte interessante entre a fabricação tradicional e o mundo digital. O ponto de partida é um arquivo 3D, que pode dar origem a um objeto físico fabricado simultaneamente em todos os lugares do mundo usando-se máquinas conectadas. A impressão 3D possibilita acelerar a fase de prototipagem, fornecendo rapidamente um *briefing* físico às equipes de *marketing*. Isso torna possível que as discussões e os ajustes sejam muito mais precisos do que seriam com uma simples modelagem 3D.

A hibridização de *software* na produção

No âmbito da fabricação, o digital pode trazer ganhos em diferentes níveis. Nos postos de trabalho, a desmaterialização auxilia na redução de tarefas administrativas inúteis, sem valor agregado para operadores, que às vezes gastam até 10% do seu tempo preenchendo papelada para monitoramento de conformidade, de fluxo e de rastreabilidade, e por questões relacionadas a controle e pilotagem. Ela também representa uma economia de tempo para algumas funções de suporte. É o caso dos programadores, que às vezes gastam 20 a 30% de seu tempo imprimindo ordens de produção, ou, ainda, dos preparadores de pedidos, que passam muito tempo imprimindo planejamentos ou listas de tarefas. Junto ao ganho de eficiência, a desmaterialização ajuda no combate à falta de qualidade, já que ela evita a versão de diferentes ferramentas necessárias aos postos de trabalho, facilita o rastreamento unitário e possibilita capitalizar qualquer informação importante que possa ser usada para resolver problemas associados a um determinado produto ou tipo de produção.

A digitalização também acelera o treinamento por meio de simulações e realidade virtual, auxiliando no aumento da capacidade de evitar erros graças à realidade aumentada.

De maneira geral, o digital permite acelerar e melhorar os modos de funcionamento dos processos, facilitando a compreensão de fenômenos e de seus motivos. Com a inteligência artificial, por exemplo, o aprendizado contínuo se torna mais fácil pela associação de certas configurações a determinados resultados, e, assim, obtêm-se ganhos de qualidade e eficiência. Da mesma forma, os algoritmos de *machine learning* possibilitam aproveitar defeitos para evitar futuras falhas, antecipando sinais fracos[3].

Por fim, graças ao digital, os líderes operacionais podem executar suas rotinas com mais fluidez, podendo fazer visitas digitais à linha de frente e usar painéis de monitoramento de desempenho conectados a sistemas informáticos. O digital também torna possível receber informações muito mais rapidamente e, assim, reagir aos imprevistos graças a fluxos de trabalho estruturados. Além disso, na medida em que sistemas de pilotagem garantem interações sólidas entre todas as funções, o consequente aumento do compartilhamento também facilita o monitoramento.

A hibridização de *software* no relacionamento com o cliente

Conectar os produtos traz uma tripla vantagem. Em primeiro lugar, isso permite que o cliente final entenda melhor o uso do produto e, portanto, que seja possível fazer melhorias na concepção de produtos futuros. Também se torna possível vender serviços associados ao produto, como manutenção ou consultorias especializadas, que auxiliam as pessoas a ter um melhor aproveitamento do produto ou sistema que

---

[3] N. de T.: Fragmentos de informações que surgem na análise de dados e que podem auxiliar a empresa a descobrir o desejo dos clientes e os atuais problemas da indústria e do mercado antes de seus concorrentes.

está sendo fabricado. Por último, isso possibilita promover melhorias no produto durante todo o seu ciclo de vida, por meio de atualizações sucessivas — uma grande revolução no mundo dos objetos físicos. A ideia é que os clientes possam beneficiar-se de melhorias produzidas em série. Um produto "desconectado" só vai perdendo valor tecnológico ao longo do tempo, ao passo que um produto "conectado" se enriquece da evolução natural das tecnologias, que ele vai incorporando por meio de atualizações contínuas de *software*.

A hibridização de *software* de uma ponta à outra da cadeia

Uma das grandes contribuições do digital é a descompartimentação entre todas as funções e profissões de uma ponta à outra da cadeia de valor, desde os fornecedores a montante até os clientes finais. A cadeia virtual de dados que pode ser transmitida de uma ponta à outra permite evitar que haja muitos intermediários com pouco valor agregado, melhorar a precisão do que é transmitido de um elo da cadeia para outro e aumentar a transparência das cadeias de suprimentos para obter melhor planejamento e equilíbrio dos fluxos físicos. Ela também permite acelerar o ciclo de "desenvolvimento-industrialização-produção--serviço pós-venda", pela geração quase instantânea de programas de fabricação e listas de tarefas a partir das modelagens 3D do produto e pela transmissão de arquivos que permitem o fornecimento de peças de reposição de forma remota às equipes de serviço pós-venda. Essa descompartimentação também ajuda a ampliar competências em toda a cadeia de valor, agregando a memória dos princípios básicos de cada negócio envolvido. Isso auxilia na transmissão de *know-how*, bem como na resolução de problemas (Figura 3.4).

O que a Tesla nos ensina

A lógica de massificar, conectar e sempre repassar a complexidade às camadas mais altas de uma arquitetura de sistema de informação é um elemento importante para entender o modo de pensar de Elon Musk,

Princípio n° 3 — Hibridização de software

Inovação de produto baseada no uso

- Colaboração expandida
- Aceleração da prototipagem

- Desmaterialização de documentos
- Digitalização da liderança
- Aprimoramento do processo por inteligência artificial
- Treinamentos mais rápidos
- Sem erros
- Antecipação das falhas

- Capitalização do uso
- Serviços inovadores

Descompartimentação

Comunicação em tempo real

Aprimoramento do produto durante seu ciclo de vida

Continuidade digital entre as profissões de uma ponta à outra da cadeia

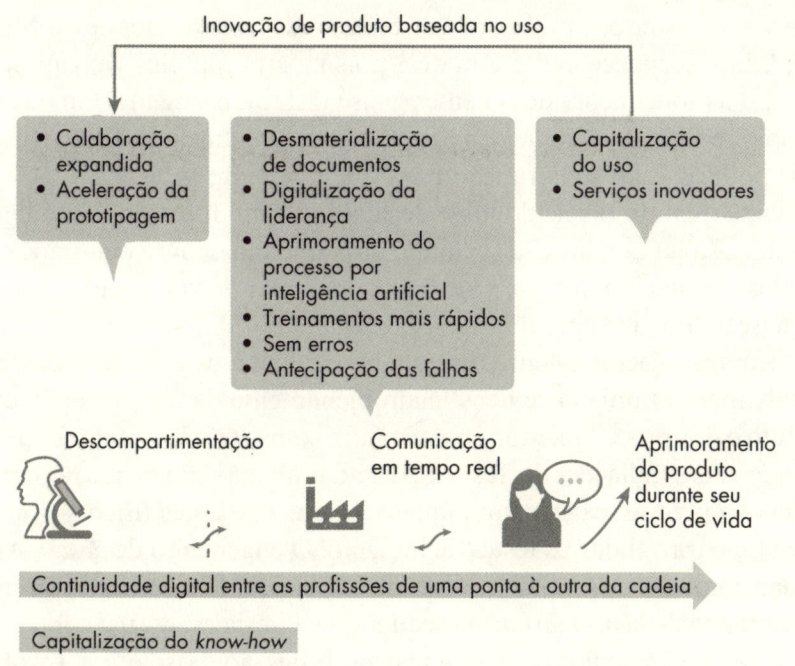

Capitalização do *know-how*

Figura 3.4 Impactos da hibridização de *software*.
Fonte: Opeo.

que cresceu na cultura da programação. Esse é o pensamento por trás não só de seus produtos, mas também de suas fábricas e de sua organização. A hibridização de *software* assume diferentes formas na Tesla, em especial no que diz respeito ao produto: a concepção dos veículos é toda pensada em torno de uma arquitetura de sistema de informação sólida. A vantagem para a Tesla de ser uma recém-chegada no mercado automotivo é que ela tem a liberdade de criar uma plataforma do zero. Os modelos da Tesla são projetados primeiramente como computadores, que também têm uma função de mobilidade. Essa arquitetura, que permite a conexão de todos os componentes, desde a cadeia cinemática até as funções internas, oferece a enorme vantagem de o veículo poder ser aperfeiçoado ao longo do tempo com atualizações de versão, como um *software*. O Modelo S da Tesla é um dos poucos veículos no mercado que vai melhorando durante sua vida útil, no que diz respeito aos sistemas de frenagem, consumo de energia, sistema de condução autônoma, etc. Recentemente, as equipes da Tesla conseguiram, em poucas semanas, resolver os problemas de frenagem de todo o estoque do Modelo 3. Isso fortalece muito a marca, pois mostra que eles são capazes de reagir às solicitações dos clientes quase instantaneamente. Em outro episódio recente, vários clientes perguntaram diretamente a Elon Musk se ele poderia criar uma função para que o volante subisse e o banco reclinasse quando o veículo fosse desligado. A modificação do código foi realizada na atualização seguinte, uma semana depois, em todos os veículos em funcionamento, graças à conexão 4G do carro, que funciona quase como um super iPhone sobre rodas.

Além do relacionamento direto com o cliente, os processos de desenvolvimento também se beneficiam plenamente da digitalização do produto e dos procedimentos operacionais, somados à lógica do *testar e aprender*. As simulações da Tesla são levadas ao máximo, o que faz com que ela só precise realizar um número mínimo de testes físicos — por exemplo, para validar os testes de impacto. O engenheiro de *design* Ali Javidan conta a surpresa das equipes da Toyota quando perceberam, em um exercício de *benchmarking* cruzado, que a Tesla estava usando apenas cerca de 15 veículos beta para realizar testes, ao passo que a Toyota usava mais de 250.

Outro aspecto da hibridização de *software* na Tesla é a forma como as equipes são constantemente avaliadas por sua capacidade de desenvolver produtos ou soluções com uma excelente experiência do usuário, princípio valorizado pelos melhores agentes do mundo digital. Quando o Modelo S foi projetado, por exemplo, foi incluído um console central com um *tablet* de tamanho inexistente no mercado automotivo. Elon Musk procurou fornecedores de material informático para conseguir superar a "rigidez" do mercado automotivo e de seus fornecedores tradicionais, que pensavam as inovações de uma forma iterativa.

Por fim, e para além dos aspectos puramente tecnológicos, esse entusiasmo pelo *software* é, antes de mais nada, impulsionado pela mentalidade de Elon Musk, que aprendeu a programar desde muito cedo. Suas diferentes experiências como empresário no PayPal, na SpaceX, na SolarCity e na Tesla o ensinaram a combinar bits e átomos para obter o melhor dos dois mundos. Essa qualidade de arquiteto dupla-face, mecânico e informático, é uma vantagem fenomenal no ambiente da Quarta Revolução Industrial.

Depoimento da Socomec

"Uma visão global da hibridização de *software* para melhor atender seus clientes"

A Socomec é uma das grandes aventuras empresariais desconhecidas do público geral. Especializada em fornecimento, supervisão e segurança de redes de eletricidade de baixa tensão, ela é uma empresa admirável em muitos aspectos. O grupo, criado em 1922, e cuja participação acionária permanece familiar, contava com mais de 3.000 funcionários em 2017. Ele exporta seus produtos para cerca de 30 filiais espalhadas pelos cinco continentes. Com uma estratégia de nicho marcado por um nível de especialização muito elevado, a Socomec chega a ocupar uma posição de líder mundial em diversas áreas, incluindo o controle energético dos sistemas que vende. O atual diretor de estratégia do grupo, Roland Schaeffer, é um dos pilares da empresa, na qual ele ingressou há mais de 20 anos. Ex-diretor de TI em outra empresa, Vincent Brunetta, por sua vez, ocupa o cargo de Chief Digital Officer (CDO), que ele foi gradualmente estruturando desde sua criação, em 2014. Ambos oferecem uma visão do que a hibridização de *software* significa em um grupo que cresceu rapidamente e que decidiu de maneira proativa capitalizar a revolução digital revisando sua estratégia, sua oferta de produtos e seus modos de organização.

Um programa digital decididamente voltado para o futuro e que impacta todas as profissões

Roland Schaeffer viveu grandes mudanças na Socomec, incluindo a construção de uma nova fábrica na França, a internacionalização da empresa e a melhora do sistema de produção. Contudo, a mudança que ele orientou nos últimos dois anos foi sem dúvida uma das viradas mais importantes para a empresa. Em um setor habituado à autocrítica constante, a direção da Socomec decidiu, em 2014, lançar um programa digital, como forma de reforçar sua posição de liderança em suas áreas de especialidade e, ao mesmo tempo, encontrar novas maneiras de impulsionar seu crescimento. "No início, queríamos impulsionar a continuidade digital dentro da empresa e certificar-nos de que não estávamos duplicando dados. O objetivo era melhorar o serviço oferecido ao cliente, por meio de coerência, confiabilidade e eficiência de uma ponta à outra da cadeia", explica Roland Schaeffer.

Naturalmente, os primeiros eixos de trabalho foram centrados no cliente, com foco em conexão digital, inovação de serviços e melhoria no tratamento dos dados disponíveis sobre o mercado e os produtos e nas formas de geração de valor a partir deles. O plano foi rapidamente complementado por dois outros eixos, que completaram o ciclo do sistema e geraram uma transformação profunda na empresa. O primeiro é transversal e focado em competências e profissões. O segundo foi uma reflexão sobre as atividades operacionais voltadas para a Indústria 4.0. Sobre este último, Roland Schaeffer insiste sobre a grande contribuição do ecossistema para a compreensão e estruturação da reflexão. Em particular, ele menciona as visitas que foram feitas a empresas que são referências na região e a centros de especialização em tecnologias do futuro. "Naquela época, o conceito não estava claro para nós. Entramos na comunidade de líderes da região e lá conheci várias empresas, como Bosh, Sew Usocome e PSA. Também visitamos a Comissão de Energia Atômica (CEA) francesa para observar os *cobots* e a realidade virtual. Tudo isso nos ajudou muito".

Uma estratégia de hibridização de *software* impulsionada pela criação de subsidiárias independentes e ágeis

Para Vincent Brunetta, o sucesso da abordagem é em grande parte atribuído a uma decisão estratégica: "Decidiu-se criar um ramo de energia totalmente independente. A escolha por uma estrutura separada traz muita agilidade". Roland Schaeffer concorda com essa afirmação: "O ramo de energia definitivamente acelerou a transformação de toda a empresa, mostrando-nos que outra forma de trabalhar era possível. Essa forma é muito mais reativa, muito mais flexível. Psicologicamente, foi importante". Os resultados dessa criação, apenas três anos depois, são realmente animadores e estão entre os sucessos notáveis do programa: a empresa fatura 36 milhões de euros com uma força de trabalho superior a 200 pessoas. Vincent Brunetta insiste no impacto que a subsidiária tem no mercado da Socomec: "Atendemos perfeitamente às necessidades atuais do mercado. Afinal, saber armazenar energia é uma coisa, mas saber qual é a melhor forma e o melhor momento, é outra. Nossas soluções que combinam *know-how* técnico sobre o produto e uso otimizado de dados de diferentes sistemas são particularmente apreciadas. Chegamos a conquistar novos mercados, em especial centros de processamento de dados nos EUA, já que temos uma excelente reputação na questão do controle de energia. A subsidiária reforçou essa reputação". Para além do aspecto econômico, as sinergias com a parte tradicional do negócio são as que mais apontam para um futuro promissor. Retomando sua reflexão, Vincent Brunetta afirma: "Criamos novas formas de venda *online*, e, nos próximos anos, serão os próprios produtos que evoluirão com um componente digital cada vez mais importante". Na sua opinião, o suporte digital para a gestão do relacionamento com o cliente se divide em três objetivos complementares: fornecer novas funcionalidades ao cliente, descobrir os usos dos produtos para fornecer serviços adaptados a eles e completar o gerenciamento de ciclo de vida do produto (PLM, do inglês *product lifecycle management*) para que as profissões se adaptem constantemente às novas necessidades. Sobre este último aspecto, Vincent Brunetta cita espontaneamente dois exemplos para explicar de forma concreta como isso se traduz em modos operacionais internos: "O departamento de qualidade se beneficia de informações sobre o funcionamento dos produtos e pode propor adaptações de processos ou intervenções totalmente remotas. O departamento de engenharia coleta dados sobre o envelhecimento do produto e os integra em suas especificações para desenvolver produtos que sejam mais confiáveis no futuro".

Uma base sólida em termos de organização industrial e sistema de informação antes do desenvolvimento de *software*

Como vimos, a hibridização de *software* vai muito além do âmbito do desenvolvimento de produtos. Nas palavras de Vincent Brunetta: "Incorporar cada vez mais *software* em produtos é um primeiro nível. Os materiais tornam-se ciberfísicos, com funções de comunicação que permitem que o processamento seja transferido do *chip* para o código. Em um segundo nível, estão os serviços ao cliente com, por exemplo, uso massivo da nuvem e uma proposta de valor em torno da economia de energia. Isso torna nossa oferta muito mais configurável e flexível. Por fim, em um terceiro nível, temos a melhoria da agilidade e da eficiência em campo que passa, por exemplo, por linhas de produção configuráveis e pela eliminação do papel". Roland Schaeffer insiste nas condições de aplicação deste último componente, focado na melhoria das operações: "Para nós, foi na hora certa porque, por um lado, já tínhamos realizado uma grande transformação em nossa produção, implementando os princípios do *lean management*, e porque, por outro lado, decidimos renovar o sistema do nosso ERP. Nós não necessariamente entendemos de imediato, mas esses dois elementos são fundamentais para uma transição bem-sucedida para operações com hibridização de *software*".

Por outro lado, ele observa que a empresa ainda carece de robustez na padronização de componentes e subsistemas, o que atrasa a possibilidade de diferenciação de produtos, gera ineficiências operacionais e dificulta o desenvolvimento de uma interface com o cliente com um configurador para produzir "sob medida" a um custo mais baixo.

Aprendizagem a serviço do desenvolvimento das profissões

A ideia do programa digital é transmitir pouco a pouco a transformação para cada uma das profissões que compõem a empresa. Nas palavras de Brunetta: "Uma vez que as tecnologias forem validadas e as equipes que trabalham em uma determinada área atingirem maturidade suficiente, passamos para a próxima profissão, e assim por diante. Começamos com o departamento de aplicativos de negócios, que prepara nossas ofertas de produtos. Hoje eles são autônomos; então, agora podemos nos concentrar em operações e vendas". Para além deste aspecto tático, a Socomec investiu uma grande quantidade de energia na aprendizagem. "Criamos ciclos de treinamento, ferramentas dedicadas ao digital e uma plataforma de formação", resume Vincent Brunetta. "No entanto, isso não é suficiente; é preciso fazer um trabalho diário com cada profissão para identificar as competências que serão necessárias para o futuro. Nossa estratégia é fazer isso com o auxílio da tecnologia. Por exemplo, nossas profissões históricas de P&D se concentram na mecânica e na eletrônica. Queremos fortalecer as competências na área de ciência de dados e as competências digitais para complementar esse *know-how* tradicional". É preciso dizer que essa análise feita por meio da tecnologia vai muito além da evolução de competências. É também uma forma de entender as tendências do mercado e aproveitar as oportunidades para "disruptá-lo" ou evitar ser desintermediado. Vincent Brunetta usa o exemplo da *blockchain*[4] para explicar a lógica do grupo: "Para nós, o principal é tentar entender os usos dos clientes finais e conectá-los às novas tecnologias. A *blockchain*, por exemplo, pode remodelar completamente o cenário das empresas do setor de energia. É uma tecnologia que devemos entender melhor para podermos decidir se adquirir competências nesse sentido é útil para a captura de mercados futuros". Roland Schaeffer insiste no aspecto físico das coisas: "Criamos um centro *learning and customer* separado para criar uma

---

[4] N. de T. Sistema que permite rastrear o envio e o recebimento de alguns tipos de informação pela internet, por meio da leitura de pedaços de código que carregam blocos de dados conectados.

ruptura com a situação atual". Por fim, a Socomec reproduz a mesma estratégia de criação de sua subsidiária de energia: separar a atividade disruptiva para criar tração e utilizá-la depois nas atividades tradicionais. Vincent Brunetta comenta sobre o investimento geral que a empresa fez nos últimos três anos: "Ganhamos vários prêmios por nossas ferramentas de treinamento e inovação de produtos. Isso é muito compensador, mesmo que estejamos apenas no começo".

Como será a indústria daqui a 10 anos? Roland Schaeffer é otimista: "Teremos dados estruturados, coerentes, atualizados em tempo real; processos automatizados; foco de gestão na serenidade das equipes no trabalho; competências cada vez mais avançadas; customização de produtos levada ao extremo.... e uma onipresença de uma camada de *software* na relação com o cliente e nas atividades operacionais". De qualquer forma, a Socomec está em constante movimento e pretende aproveitar todas as oportunidades da Quarta Revolução Industrial para estar sempre se renovando.

Hibridização de *software*:
10 perguntas que um líder deve fazer a si mesmo

- Estou ciente das diferentes soluções digitais existentes no mercado para os negócios principais da minha empresa?
- Entendo a lógica por trás do princípio do código de TI e a ligação entre a arquitetura dos sistemas, a camada de *software*, as linguagens da programação e os aplicativos?
- Minhas equipes de desenvolvimento usam ferramentas de desenvolvimento 3D assistidas por computador? E realidade aumentada? E realidade virtual?
- Meus gerentes operacionais da linha de frente usam soluções digitais para gerenciar suas visitas, motivar o desempenho, monitorar alertas e resolver problemas?
- Meu sistema operacional incorpora soluções digitais para evitar defeitos de qualidade, acelerar o treinamento, prever falhas?

- Minhas equipes usam ferramentas digitais colaborativas suficientes para gerenciar processos transversais de desenvolvimento, de industrialização e da cadeia de suprimentos? Comecei a refletir sobre uma cadeia digital de uma ponta à outra?
- Estou fazendo uso suficiente do potencial digital para capitalizar competências e padrões operacionais?
- Tenho habilidades internas suficientes para incorporar soluções de *software* inovadoras?
- Fiz pelo menos uma prova de conceito (POC, do inglês *proof of concept*) incorporando um aspecto de inteligência artificial?
- Já integrei um componente digital na minha estratégia para coletar dados dos meus clientes finais, pensar em serviços inovadores ou entender melhor o uso dos produtos que vendo?

Princípio nº 4

Tração tentacular

Abordar os mercados com uma visão tentacular transetorial e operar em modo de rede para obter tração comercial.

Networks *são os novos ativos.*

Fabernovel

O que é tração tentacular?

Como vimos, a hibridização de *software* é uma peça essencial na construção das conexões internas da empresa e da empresa com os clientes. Contudo, para realmente capitalizar o potencial do digital como motor destinado a revolucionar os mercados e os modelos de negócio, o caminho mais interessante é o da disrupção de seu próprio setor, usando as plataformas digitais para refletir sobre o uso do produto de forma transetorial. Desse modo, tração tentacular é uma versão da tração comercial clássica ampliada pelo efeito de rede. As plataformas digitais, que funcionam como "tentáculos", reúnem os mercados e facilitam uma relação desintermediada entre produtores e consumidores, resultando em um crescimento muito mais rápido do que nos mercados tradicionais. A participação de mercado do Google é uma excelente ilustração desse fenômeno em expansão: em 2017, 93% das pesquisas na internet passaram pelo mecanismo de busca estadunidense, que gerencia o direcionamento para 20 bilhões de *sites* todos os dias graças a mais de 30 trilhões de *sites* indexados. Mas, afinal, quais são as características dessas novas ferramentas que impactam tanto os fluxos quanto o modelo de crescimento?

Os fluxos em formato de estrela tomam o lugar dos fluxos lineares

Como mencionamos no capítulo sobre integração transversal, a Indústria 3.0 assistiu a estruturas muito grandes se organizarem para focar em seus negócios principais, enquanto delegavam grande parte da cadeia de valor a terceirizados, muitas vezes em países com baixo custo de produção. A interdependência entre todos os participantes dessas cadeias continuou a aumentar ao longo do final do século XX para atender à crescente demanda do consumidor final por capacidade de resposta.

Com o surgimento do digital, dois efeitos combinados vieram abalar esse modelo de produção. Por um lado, os diferentes agentes de uma cadeia podiam se conectar uns aos outros. Por outro, a velocidade e o volume dos fluxos de dados aumentaram exponencialmente, conforme descrito na Lei de Moore. Assim, a interconexão e as trocas instantâneas tornaram-se a regra. Gradualmente, as primeiras redes foram sendo criadas, produzindo um fenômeno matemático conhecido como "efeito de rede", no qual o potencial de uma rede é proporcional ao quadrado de seus usuários. Recentemente, pesquisadores comprovaram que o principal fator de influência de uma rede é o número de conexões.

Assim nasceu uma plataforma, um novo fluxo em formato "de estrela" (Figura 3.5). Um dos pontos fortes desse tipo de fluxo bilateral (ou dupla-face) é que os produtores também podem ser consumidores, e vice-versa, o que multiplica ainda mais o efeito de escala sobre a demanda. Assim, é muito mais provável que uma transação ocorra por meio de uma plataforma do que no mundo dos fluxos lineares, que têm uma capacidade de conexão limitada e uma velocidade de reação muito mais lenta.

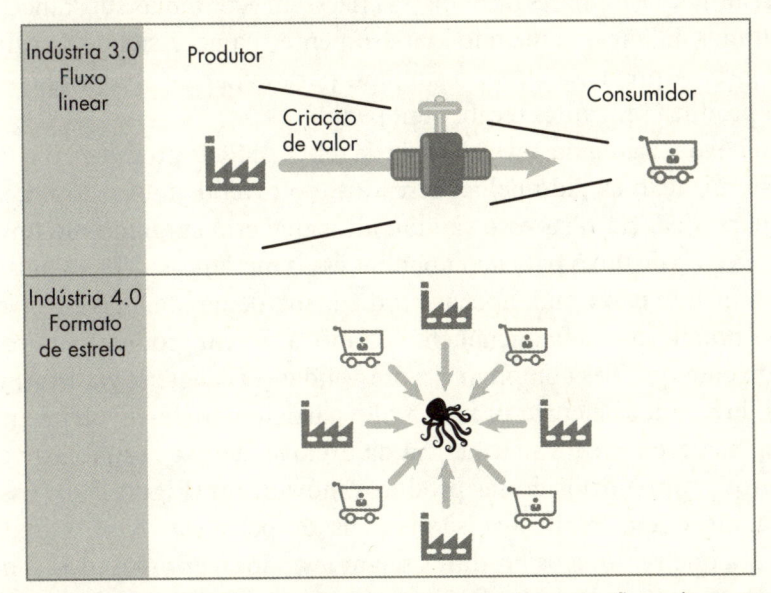

Figura 3.5 Os fluxos em formato de estrela tomam o lugar dos fluxos lineares.
Fonte: Opeo. Adaptada de Parker Geoffrey G., Van Alstyne Marshall W., Sangeet Paul Choudary, *Platform Revolution*, W. W. Norton & Company, 2016.

Esse novo tipo de fluxo complementa ou, às vezes, modifica profundamente o fluxo tradicional, unidirecional, que vai do produtor ao consumidor final. Essa nova forma de ver a cadeia de valor em seu modo tradicional de operação entre clientes e fornecedores seria então considerada disruptiva. Uma das consequências mais comuns dessa mudança foi a desintermediação entre os agentes da cadeia. Os agentes que se encontram mais a montante agora são capazes de se conectar àqueles que trabalham em níveis mais a jusante, e até mesmo a usuários finais. No mundo industrial tradicional, eles não teriam nenhum contato.

O fluxo pulsado toma o lugar do fluxo puxado

Além dessa grande ruptura nos modos de interação na cadeia de valor, nasceria também uma nova lógica de gerenciamento de fluxo: o gerenciamento por um fluxo puxado. Peça essencial do *just in time,* essa gestão permitiu que milhares de empresas fizessem economias substanciais nos últimos 40 anos, reduzindo massivamente sua necessidade de capital de giro. A premissa é muito simples: para evitar a superprodução, nunca produza sem antes receber um pedido.

No novo paradigma, a velocidade de renovação de produtos, o nível de customização exigido pelos mercados e o nível de inovação necessário para alcançar o sucesso são tão altos que está surgindo um novo tipo de gestão de fluxo para acompanhar essas mudanças: o fluxo pulsado. O princípio não é mais apenas produzir sob demanda, mas envolver clientes potenciais no financiamento da inovação em produtos futuros, fazendo com que eles comprem em pré-vendas. O cliente se transforma em um investidor de curto prazo, já que participa do desenvolvimento da empresa e, em troca, se beneficia da exclusividade de estar entre os primeiros proprietários desses produtos inovadores (Figura 3.6). Essa técnica, que é semelhante à versão beta usado pelos *pure players* do digital para que seus novos produtos sejam testados e aprimorados, tem, contudo, algumas condições. No mundo industrial, é impossível testar um produto que não esteja pelo menos parcialmente finalizado, o que é diferente do que ocorre no mundo do *software,* em que os clientes podem baixar uma versão beta instantaneamente com um clique.

Uma das principais condições é ter criado uma comunidade de *believers* — isto é, pessoas que acreditam no projeto — suficientemente poderosa e assegurar uma comunicação permanente com essa rede de potenciais clientes, graças a uma história inspiradora que os encoraja a fazer parte de um projeto, e não apenas a comprar um produto que está na moda. Outra condição importante é ter produtos conectados e que possam ser melhorados com o passar do tempo, para que esses primeiros clientes não sejam prejudicados em relação aos seguintes, considerando-se que eles contribuíram para a inovação por meio de seu investimento e esperaram alguns meses para que o produto amadurecesse.

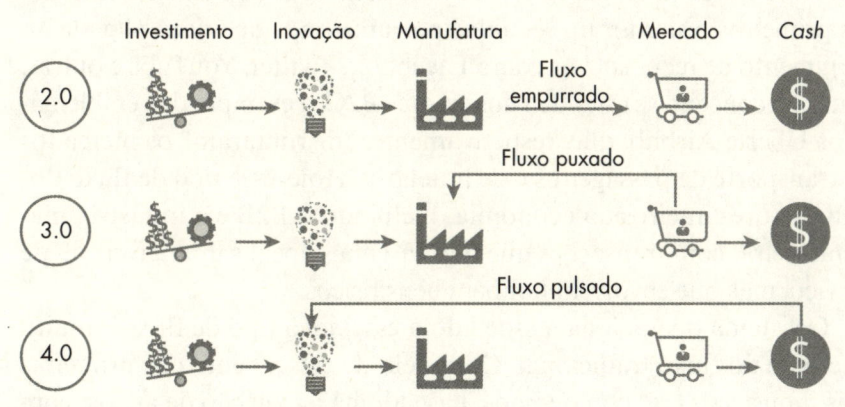

Figura 3.6 Do fluxo empurrado ao fluxo pulsado.
Fonte: Opeo. Adaptada de Fabernovel, *Tesla, Uploading the future*, 2018.

Os tentáculos: um novo modelo de crescimento transetorial

Este novo tipo de fluxo, em formato de estrela, pulsado, tentacular, tem quatro grandes vantagens para o usuário e para as partes que executam as redes.

- O preço ideal: o tempo real e a massificação das conexões permitem ajustar instantaneamente as arbitragens de preços de mercado.
- O magnetismo: permite a otimização das capacidades por meio do equilíbrio entre a carga e a capacidade das diferentes partes envolvidas da rede.

- O crescimento exponencial: o custo marginal de aquisição de um novo usuário é próximo de 0.

- Intimidade: o conhecimento dos dados do usuário permite personalizar a sua experiência e oferecer-lhe uma visão integrada dos serviços dos quais ele pode se beneficiar.

Historicamente, os departamentos de TI foram os primeiros a testar esse novo modo de fluxo, com pioneiras como a IBM e a Microsoft. Esses primeiros testes foram seguidos por uma onda de criação ligada ao surgimento de redes sociais como Facebook, Twitter, YouTube e outras. Então, o conceito se estendeu aos setores B2C, a exemplo dos emblemáticos Uber e Airbnb, que, respetivamente, "disruptaram" os mercados de transporte de passageiros e de hotelaria. Hoje, esse tipo de fluxo domina setores inteiros da economia, incluindo o B2B e a indústria manufatureira, com transações que não são mais apenas intangíveis ou de serviço, mas que envolvem também bens físicos.

O sistema operacional associado a esse novo tipo de fluxo é muito diferente do fluxo tradicional. O modelo de crescimento das primeiras eras industriais era, como vimos, baseado na agregação de ativos: com uma empresa maior, os custos de estrutura são mais bem amortizados e há mais controle sobre a rentabilidade. Além disso, os sistemas operacionais eram grandes estruturas que consumiam muita mão de obra e capital. As novas plataformas de hoje, por outro lado, não têm os ativos que elas requerem para criar valor. Em vez disso, elas se valem muito dos usuários para realizar tarefas que tradicionalmente são realizadas por recursos corporativos especializados, como a "curadoria" — equivalente ao controle de qualidade dos fluxos da plataforma — ou, ainda, o *marketing*, que muitas vezes é feito por meio das opiniões constantes dos usuários, que acabam fornecendo dados para antecipar tendências futuras e produtos a serem desenvolvidos. As plataformas digitais são, portanto, uma espécie de fábrica de informação que não são donas de seu próprio inventário. Assim, ao contrário de seus concorrentes tradicionais, não há mais uma relação de proporcionalidade entre o número de funcionários dessas empresas, que em geral é relativamente baixo, e suas capacidades de produção. Um exemplo bastante elucidativo é o

Princípio nº 4 — Tração tentacular   93

do Airbnb, que no final de 2017 tinha cerca de 3.100 funcionários[1], ao passo que a AccorHotels contava com 240.000 funcionários[2], e, assim mesmo, a capitalização de mercado do Airbnb (cerca de 31 bilhões de euros) era três vezes superior à da AccorHotels (cerca de 13 bilhões de euros).

No quesito financeiro, a consequência do uso de "tentáculos" para explorar o modo de rede é a possibilidade do uso de diferentes métodos para valorizar a empresa. O "multiplicador de mercado" (relação entre a avaliação de mercado do valor de uma empresa e a relação preço-lucro) das plataformas é de cerca de 8,2, em comparação com 4,8 para os fornecedores de solução da Indústria 4.0; 2,6 para fornecedores de serviços tradicionais; e 2,0 para os produtores de ativos tradicionais que fabricam produtos manufaturados[3] (Figura 3.7).

	Produtos	Serviços	
Indústria 4.0	Criadores de tecnologia Ex.: SIEMENS **4,2**	Plataforma Ex.: airbnb **8,2**	**XX:** *multiplicador de mercado médio da categoria*
Indústria 3.0	Geradores de ativos Ex.: Ford **2,0**	Prestador de serviços Ex.: SAP **2,6**	

Figura 3.7 Os quatro modelos de negócios e de multiplicador de mercado.
Fonte: Adaptada de Parker Geoffrey G., Van Alstyne Marshall W., Sangeet Paul Choudary, *Platform Revolution*, W. W. Norton & Company, 2016.

---

[1] Wikipédia, artigo sobre o Airbnb.
[2] Wikipédia, artigo sobre a AccorHotels.
[3] Parker Geoffrey G., Van Alstyne Marshall W., Sangeet Paul Choudary, *Platform Revolution*, W. W. Norton & Company, 2016.

As plataformas na indústria: um conceito vago

Apesar do entusiasmo do mercado pelas plataformas no setor digital, o conceito ainda é pouco difundido nas atividades industriais. No entanto, a maioria dos grandes grupos industriais adotou ferramentas para criar um efeito de rede nas interfaces da empresa. Um exemplo é a criação de plataformas de compra que funcionam com a lógica do leilão inverso para a obtenção do melhor preço ou da melhor oferta possível de uma rede de fornecedores. Isso ocorre em especial nos setores automotivo e aeronáutico, tanto na compra de peças e consumíveis quanto na alocação de novos produtos a diferentes mercados. Do outro lado do fluxo, esses mesmos grupos também estão adquirindo *sites* de *e-commerce* que permitem complementar os canais de venda, facilitando a experiência do usuário ou a qualidade das trocas no caso de B2B. Assim, o cliente pode cada vez mais personalizar seu próprio produto com base em um catálogo. Tal como as cozinhas planejadas, cujo projeto os clientes elaboram em um portal antes de fazer a encomenda, muitos fornecedores de equipamentos disponibilizam em seu *site* um "configurador" que lhes permite vender produtos adaptados a seus clientes de forma virtual e rápida.

De qualquer forma, a lógica dessas ferramentas permanece profundamente orientada para um fluxo unidirecional: o digital é usado para acelerar as trocas e gerar tráfego, mas todo o potencial das plataformas "dupla-face" é mal explorado. Um dos primeiros mercados em que começa a surgir esse tipo de plataformas "disruptivas" é o dos fornecedores de máquinas. Atualmente, eles estão travando uma batalha pela posição de liderança em plataformas de conexão máquina a máquina (M2M). Há muita coisa em jogo, já que a plataforma que dominar o mercado poderá impor seus padrões de comunicação, de conexão, seus aplicativos e suas soluções de manutenção, prevenção de falhas e bom gerenciamento das máquinas. Ela será passagem obrigatória para todos os compradores e fornecedores de máquinas, como um Google da fabricação de equipamentos industriais. Para esses agentes, portanto, a posse da plataforma não significa apenas ter uma nova linha de serviço da empresa; é um fator-chave tanto para aqueles que querem assumir a liderança de sua profissão tradicional quanto para os que querem se manter na liderança. Além disso, as ameaças não vêm apenas dos concorrentes habituais, uma vez que o agente que "disrupta" um mercado está sempre operando na interseção entre os negócios tradicionais de seu mercado e os do mundo digital. O mundo de fabricantes de máquinas tem uma variedade grande de fornecedores, incluindo a GE (fornecedores de máquinas), a Siemens (fornecedores de sistemas e componentes), a Bosch (fornecedores de sistemas e meios industriais), mas também a SAP (fornecedora de sistemas integrados) e a Dassault Systèmes (fornecedora de *software* e aplicativos).

Interoperabilidade, uma base essencial para a plataformização industrial

Uma das chaves essenciais para facilitar a criação de uma plataforma é a definição de padrões de interoperabilidade. Nesse quesito, o mundo digital está décadas à frente do mundo da manufatura. Algumas fundações, em conjunto com os gigantes da internet, numa operação sem fins lucrativos, estabelecem juntas uma série de padrões que permitem total interconectividade, com o objetivo de liberar a geração de valor entre todos os participantes de uma cadeia. Um dos protocolos mais conhecidos desse tipo é o TCP/IP, que permite a comunicação entre computadores em rede e é responsável pelo florescimento da internet. No entanto, o princípio também se aplica a todas as camadas do mundo da informática, como interfaces gráficas de *sites* em linguagem HTML ou codificadas usando-se a interface de programação de aplicações (API). As interfaces seguem normas específicas, em relação tanto ao tipo de informação a ser trocada quanto ao modo de troca. Contudo, isso não impede total liberdade de manobra entre as interfaces e, portanto, entre cada um dos agentes. É em grande parte graças a isso que as plataformas realmente funcionam. As duas pontas, oferta e demanda, podem se conectar quase instantaneamente por causa dos padrões que regulam as interfaces. No entanto, cada uma das duas partes pode se organizar como quiser dentro dessas interfaces e inovar continuamente, sem comprometer toda a estrutura. O mundo do *software* chegou a criar testes automatizados, que testam contínua e automaticamente todas as novas propostas de código para verificar se elas respeitam os padrões de interface.

Se traçarmos um paralelo com o mundo das fábricas, é como se a forma de industrializar as peças, encomendá-las, planejá-las, enviá-las para a produção, produzi-las e entregá-las fosse padronizada para que cada participante de uma cadeia de suprimentos pudesse subcontratar uma dessas funções sem que isso exigisse qualquer troca específica com o subcontratado além do preço da transação. Algumas funções começam a adotar esse tipo de padrão tanto no âmbito dos fluxos de informação quanto no dos fluxos físicos. Um dos exemplos é o da cadeia de suprimentos com o surgimento do Materials Resource Planning (MRP) — voltado para o planejamento de recursos da manufatura —, que permite, por meio do EDI, conectar uma necessidade a um recurso. No mundo físico, a logística industrial é a profissão que mais avança nessa tendência. Historicamente, a criação do contêiner de tamanho padrão provocou a explosão do comércio marítimo; hoje, são os pacotes que começam a ter especificidades padronizadas (tamanho, peso, etc.), facilitando a transação dos envios, sejam eles medidos em quilograma ou em metro cúbico. As encomendas tornaram-se *commodities*, e isso se traduziu em uma explosão no volume de envios de pequenos pacotes.

No entanto, com exceção dessas poucas profissões e setores que estão começando a evoluir, a transformação permanece confidencial. A explosão dos valores e usos na manufatura exigirá, portanto, uma revolução na maneira como são vistas interfaces entre as diferentes partes envolvidas.

Lógica de plataforma: um modo de pensar que transcende o modelo de negócios tradicional

Sem chegar ao ponto de criar plataformas digitais — por natureza, disruptivas e, portanto, complexas de implementar —, vários pré-requisitos precisam ser preenchidos no ambiente industrial para se alcançar o efeito de rede. Todas as empresas que são referências da Indústria 4.0 têm em comum a criação de plataformas de famílias de produtos, que lhes permitem ser muito mais reativas e ágeis no desenvolvimento de novos produtos, por meio da coletivização do maior número possível de componentes e subsistemas. Para isso, é necessária uma integração com redes de fornecedores e subcontratados, assim como a implementação de sistemas comuns de *design* e monitoramento das listas de peças.

A criação de comunidades de clientes ou de *believers* do projeto da empresa é outro exemplo de pensamento em rede. É uma alavanca muito poderosa para criar tração natural no mercado; para realizar o *design*, integrando o usuário final com métodos como o *design thinking*; ou mesmo para conseguir que fases de projetos sejam financiadas pelos clientes finais com métodos de financiamento colaborativo direcionados.

Além do impacto econômico desses novos modelos de negócios, a tração tentacular leva a mudanças radicais na forma de pensar a empresa; em sua visão da sociedade; em sua missão com relação às suas equipes, clientes e fornecedores; em seu relacionamento com os agentes de seu ecossistema; e até mesmo em seu modelo operacional. Isso incentiva a venda de soluções integradas, que focam no uso do consumidor, buscando se aproximar ao máximo do consumidor final para vender os serviços mais específicos possíveis, tudo isso compartilhando recursos.

Sendo assim, a produção de bens e serviços também pode ser pensada como uma "rede", que funciona por um princípio de solicitação de cérebros e músculos "mediante pedido". O trabalho torna-se líquido, com máxima flexibilidade da capacidade produtiva em relação às necessidades do mercado. Para o líder, portanto, trata-se não apenas de um novo canal de vendas, mas de uma completa revolução cultural que impacta todo o mundo econômico, ainda que a velocidade de propagação da tração tentacular e a forma que ela toma variem significativamente de um setor para outro.

O que a Tesla nos ensina

Hoje, a melhor maneira de gerar plataformas no mundo industrial em que vivemos é criar sua própria rede por meio do produto. Elon Musk entendeu isso muito cedo, e é esse o propósito da criação da sua frota de carros e casas conectadas, que no futuro possibilitarão a criação de plataformas de compartilhamento de energia e serviços. Assim, o objetivo de sua estratégia é desenvolver a "terceirização", criando condições para um ecossistema de geração de valor, como faz a Applestore, por exemplo, por meio da rede de produtos Apple conectados em todo o mundo e pelo iOS. O objetivo final é possibilitar a troca de energia entre carros e casas da Tesla, transformados em geradores de energia solar graças à subsidiária SolarCity, que produz telhas equipadas com painéis solares. A conexão entre carros e casas criará uma grande rede autorregulada, que suavizará picos e vales no consumo de eletricidade, substituindo a energia fóssil e a nuclear pela energia solar. Defendendo essa visão, Elon Musk explica simplesmente que a quantidade de luz solar sobre o planeta durante uma hora seria suficiente para cobrir todas as suas necessidades energéticas. Nesse sentido, Musk está se posicionando em uma cadeia que vai muito além da construção de veículos. Uma de suas ambições é também criar uma plataforma de compartilhamento de veículos que possibilite a cada proprietário de um Tesla colocar seu carro para alugar em um determinado horário. O benefício seria triplo: amortizar rapidamente a compra de um carro, como os proprietários de apartamentos fazem com o Airbnb; reduzir o número de veículos em serviço, transformando profundamente a arquitetura das cidades, que precisariam de menos infraestrutura, como estradas e estacionamentos; e, por fim, atender à necessidade de mobilidade urbana em tempo real, que uma plataforma como a Uber atende agora parcialmente. Isso envolveria, em primeiro lugar, o desenvolvimento rápido de um veículo autônomo que pudesse buscar o usuário no ponto de partida, transportá-lo até o ponto de chegada e voltar à casa do proprietário sem que este tivesse de fazer qualquer esforço físico. Para isso, também seria preciso desenvolver uma plataforma digital de alto desempenho, um sistema GPS eficiente, um sistema de transações robusto com, se necessárias, soluções de financiamento personalizadas que incluíssem amortização rápida do veículo, etc. Por fim, a preocupação de Elon Musk não se restringe ao uso do carro, levando em consideração também seu ciclo de vida. Por causa disso, ele também criou um seguro para os carros da marca e planeja construir uma plataforma de revenda de seus veículos para facilitar as trocas. Todos esses pré-requisitos são estruturantes, pois incentivam a empresa a não se limitar a uma visão clássica do automóvel, e sim ampliar os campos de intervenção possíveis, alinhando-se a uma visão mais global do negócio. O setor automotivo passa a ser o setor da mobilidade e da energia, da economia colaborativa, do financiamento, etc. (Figura 3.8).

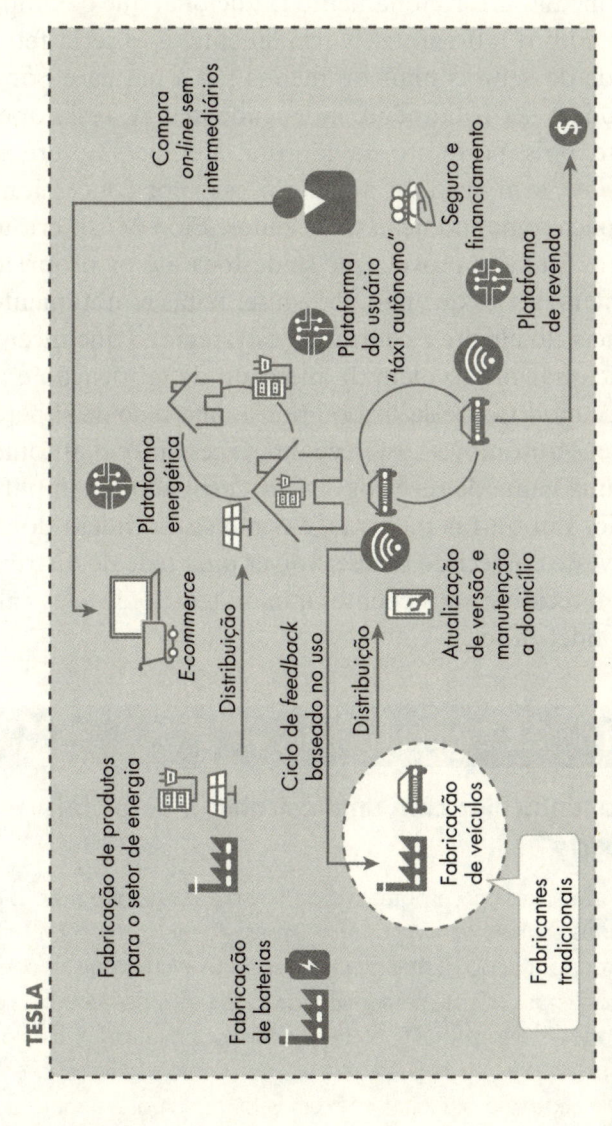

Figura 3.8 A tração tentacular na Tesla: da fabricação de veículos ao uso da mobilidade.
Fonte: Opeo. Adaptada de Fabernovel, *Tesla, Uploading the future*, 2018.

Em seu relacionamento com o cliente, Elon Musk também usa o modo de rede para melhorar continuamente o produto por meio de atualizações de versão, recuperar dados sobre o uso do veículo e, desse modo, desintermediar o relacionamento tradicional que o comprador de veículo tem com o fabricante. Normalmente, isso seria feito mediante uma rede de vendas mais ou menos fiel à marca e por reparadores que podem ser totalmente independentes. A Tesla opera de forma diferente, pois, já no ato da compra, a empresa oferece vendas diretas *on-line*, sem necessariamente passar por concessionárias. O mesmo se aplica à manutenção de veículos. Elon Musk criou uma subsidiária de assistência móvel, que se desloca até os proprietários para realizar intervenções que não podem ser feitas remotamente. Por fim, a experiência do cliente é central na estratégia, o que incentiva a Tesla a se posicionar muito além do mercado de fabricação e venda de carros. Desse modo, a Tesla disponibiliza uma rede de supercarregadores para seus automóveis, oferece interfaces entre o automóvel e a casa e toda uma gama de serviços *on-line* destinados a simplificar a vida do usuário. Em outras palavras, é como se, no início do século XIX, a Ford tivesse começado a desenvolver uma rede de distribuição de gasolina e oferecido a seus clientes a manutenção de seus carros a domicílio para fidelizá-los.

Depoimento da GE Digital Foundry

"Criar tração tentacular com uma estratégia de plataforma em modo aberto"

Consciente da transformação progressiva do mundo industrial para o digital, a GE lançou várias Digital Foundry, ou "fundições digitais", em todo o mundo para apoiar a transformação digital de grandes grupos industriais, focando a atividade em máquinas críticas, como turbinas a gás e aviões, e em sistemas críticos, como redes elétricas ou linhas de produção. Hoje, a GE Digital oferece soluções variadas baseadas em tecnologias como a nuvem, a ciência de dados ou a inteligência artificial, com um vetor principal em torno de sua plataforma Predix. Vincent Champain é o diretor executivo da Digital Foundry na Europa. Ele nos explica essa escolha estratégica da GE e fala dos ingredientes para ter sucesso no Novo Mundo da Indústria 4.0, em especial sobre o modo de rede e a tração tentacular.

Na GE Digital, a plataforma é apenas um dos componentes da tração tentacular

Limitar a definição de GE Digital a uma única plataforma seria muito simplista. A estratégia é claramente oferecer soluções de uma ponta à outra da cadeia. Isso pode incluir a venda de uma utilização baseada no acesso a uma plataforma com módulos padrão; o desenvolvimento de novas aplicações sob medida; o oferecimento de serviços associados, como a realização de tarefas de manutenção; ou a monetização de uma melhoria de desempenho. Neste último caso, a GE Digital comprometeu-se com os seus clientes a melhorar o desempenho de um dos seus recursos críticos e ser remunerada pelos ganhos gerados, criando uma situação em que, no final das contas, todos saem ganhando.

Inovar em modo aberto, um dos grandes pontos fortes do sistema da GE Digital

A implementação, contudo, não é tão simples. Os riscos percebidos pelos clientes podem se tornar grandes obstáculos: cibersegurança, confidencialidade de dados, uso de dados para fins comerciais, etc. Para evitar esses obstáculos e competir com o GAFA (Google, Amazon, Facebook e Apple) e alguns concorrentes, a GE tomou a decisão muito estruturante de oferecer uma plataforma em modo aberto. Isso tem várias grandes vantagens. Primeiro, os clientes podem desenvolver seus próprios aplicativos personalizados e até mesmo vendê-los na plataforma posteriormente. Em segundo lugar, isso possibilita inovar de modo ágil, com parceiros mais variados. Por fim, tranquiliza os clientes, que continuam tendo propriedade total sobre seus dados e não precisam pagar para usá-los ou retirá-los, se precisarem. Ao mesmo tempo, a GE Digital garante a total confidencialidade dos dados em relação ao mundo exterior. Para ilustrar essa mentalidade de abertura, a GE Digital começou a vender seu sistema em máquinas, que competem com as produzidas pela própria GE.

Uma mudança na cultura e na organização

Essas decisões, que não são necessariamente evidentes, podem ter sido percebidas internamente como contraproducentes. Elas tiveram de ser acompanhadas por uma grande mudança organizacional. Cada uma das unidades de negócios da GE tem um Chief Digital Officer (CDO), que se reporta ao diretor executivo da GE Digital. Além disso, quando uma equipe é formada em torno de um determinado objetivo (por exemplo, melhorias de maquinário), é priorizado o recrutamento dos melhores talentos, sejam eles da empresa ou de fora, dentro da GE Digital ou nas unidades de negócios. De acordo com Vincent Champain: "Certos recursos, como cientistas de dados, são tão raros que você precisa aprender a se adaptar a esse novo modo de operação". De qualquer forma, essa nova forma de organização conduz a métodos de trabalho relativamente diferentes. Champain continua: "Este projeto ainda está em andamento, estamos longe de estar no fim", mas a adaptação da cultura é catalisada por conexões mais frequentes entre o interior e o exterior.

A hibridização: um princípio-chave do Novo Mundo

Essa dualidade entre abertura e *know-how* interno está longe de ser o único aspecto em que o modo de pensar "híbrido" prevalece sobre o modo de pensar mais contundente do Velho Mundo. A começar pelo produto, que por definição é um híbrido entre módulo padrão e módulo sob medida, desenvolvidos por clientes ou parceiros. Contudo, tudo depende de para onde o cursor está apontando. Por exemplo, quando se trata de organização, enfatizar o modo "centralizado" promove a sincronização e a economia de desenvolvimento. Por outro lado, deixar as equipes inovarem localmente sem controle central promove a inovação, mas também gera riscos de soluções duplicadas. Em uma perspectiva mais ampla, a geração de valor em si refletirá cada vez mais a hibridização dos fluxos físicos com os digitais. Para Vincent Champain, e contrariamente à crença popular, o fluxo físico será sempre o principal vetor da empresa, correspondendo a pelo menos 90% do valor que ela gera, mas os agentes que terão sucesso serão aqueles que se distinguem dos demais em um dos dois tipos de fluxo. O mesmo aplica-se à inteligência artificial, que será apenas uma das muitas chaves que levarão ao sucesso, assim como outros conhecimentos profissionais ou simplesmente a inteligência, que permanecerá fundamental e indispensável.

Crie uma visão e antecipe o redimensionamento para evitar a armadilha do *status quo*

Como aproveitar ao máximo esse Novo Mundo em que a hibridização está se tornando a norma? Champain acredita que a melhor maneira seria o líder adotar uma visão "de helicóptero" do impacto potencial das novas tecnologias no seu negócio. Isso requer uma reflexão baseada em quatro eixos: estou suficientemente bem equipado para fazer ciência de dados de forma relevante? Minhas equipes conseguem ser ágeis o suficiente para "projetar" produtos ou soluções? Minha infraestrutura e, em especial, minha nuvem são suficientemente robustas para fazer esse redimensionamento de forma rápida? Tenho pensado o suficiente nas interconexões com os sistemas existentes? Na sequência, é essencial antecipar o redimensionamento, mesmo que, é claro, o caminho vá se alterando à medida que avançamos. É preciso ter cuidado para não ficar parado por muito tempo. Vincent Champain brinca com isso, citando a famosa frase do ator Lino Ventura: "Meu principal concorrente é o *status quo*. No Novo Mundo, duas pessoas inteligentes sentadas sempre irão menos longe do que uma pessoa burra fazendo alguma coisa".

Adotar uma lógica que considere toda a cadeia, em modo aberto, adaptando a organização e a cultura à hibridização necessária do sistema, sendo visionário, mas agindo rapidamente, desenvolvendo recursos para redimensionar: a tração tentacular nitidamente é parte do DNA da GE Digital, que tem uma visão muito clara da estratégia certa para ser beneficiar ao máximo dela.

Depoimento da Luxor Lighting

"Antes de mais nada, a tração tentacular é um estímulo ao crescimento"

A Luxor Lighting concebe, desenvolve e industrializa produtos ou funções com tecnologias LED integradas para o setor automotivo, seja diretamente para fabricantes, seja para os fornecedores de nível 1 do setor. Depois de uma crise, em que a empresa viu seu volume de negócios cair 30% entre 2012 e 2015, ela conseguiu dar a volta por cima e voltar a crescer de maneira extraordinária, com um aumento de 100% entre 2015 e 2018. Uma das causas dessa recuperação é a capacidade da empresa de se posicionar nos segmentos certos e de pensar abertamente com seus clientes e parceiros, numa lógica de tração tentacular. Patrick Scholz, atual CEO da empresa, assumiu o cargo há mais de nove anos e acompanhou sua transformação. Ele nos explica a seguir as bases desse sucesso.

Conquistar os negócios por meio de uma abordagem de "tentáculo" com clientes e fornecedores

"Perdemos a confiança dos clientes". É com essa constatação que Patrick Scholz começa contando sua aventura empresarial. Ele começou a investir na empresa após sua saída de uma grande empresa alemã. Vários passos foram dados na tentativa de voltar ao crescimento. O primeiro passo é estratégico e envolve maior conectividade com os clientes por meio de uma melhor integração no *design* de produto. Patrick Scholz investiu pesadamente em um sistema de simulação digital para melhor atender às expectativas de seu cliente final, o fabricante de automóveis. "Os fornecedores de nível 1 já estavam focando em grandes faróis dianteiros ou traseiros, então nos posicionamos no mercado de iluminação automotiva interna, e de alguns faróis externos. Para as montadoras obterem uma assinatura luminosa completa, no entanto, precisávamos da integração digital". A implementação também foi feita na execução cotidiana graças a um sistema EDI. Do outro lado da cadeia de valor, também se reflete sobre uma melhor integração com fornecedores e provedores de soluções. A empresa começou a trabalhar com um parceiro local, especialista em robótica, que a ajuda a projetar máquinas especiais. "É importante, pois nos permite agir rapidamente e trabalhar com confiança", explica Patrick Scholz.

Um importante efeito do ecossistema e dos tentáculos locais

Patrick Scholz também insiste no papel decisivo que seu ecossistema desempenhou na recuperação da empresa. "Os tentáculos também se voltam para o local". Por um lado, o poder público apoiou a aquisição de um novo parque industrial. Por outro, a política de responsabilidade social corporativa (RSC) que é desenvolvida pelo grupo estimula o líder a pensar de forma diferente. Além disso, Patrick Scholz observa rapidamente que o *made in* pode se tornar um argumento de venda interessante: "Os fabricantes mudaram sua perspectiva sobre o assunto. Durante anos, a moda foi a realocação.

Estamos cada vez mais voltando atrás sobre esse aspecto. O que as empresas procuram agora é maior capacidade de resposta, o que significa que o preço pesa menos no processo de tomada de decisão. O efeito de proximidade, portanto, joga a nosso favor".

Integrar negócios estratégicos para ganhar agilidade e autonomia

Paralelamente aos projetos estratégicos, iniciou-se uma transformação das práticas para aumentar a agilidade. Isso envolve a implementação dos princípios da manufatura enxuta. "Sentamos juntos e começamos a questionar tudo que estávamos fazendo". Então, a empresa começou a redefinir seus fluxos, lançando uma abordagem QRQC (*quick response quality control*, ou, em português, "resposta rápida para o controle de qualidade"), e melhorando a gestão visual de campo. O próximo passo será digitalizar os fluxos para eliminar permanentemente todo o papel da fábrica e continuar aumentando a competitividade. Contudo, para ganhar agilidade, você também deve dominar os negócios principais associados à concepção de sistemas de iluminação. A Luxor Lighting adquiriu gradualmente o *know-how* necessário em ótica e mecânica. "Isso é fundamental, pois permite avançar mais rápido nos primeiros estágios de desenvolvimento e, portanto, ganhar mercados", continua Patrick Scholz. "Se tivéssemos competência em eletrônica, poderíamos ter domínio sobre todos os aspectos do produto, o que fortaleceria ainda mais nossa relação com o cliente".

Criar transparência para dar mais responsabilidade às equipes

Os tentáculos não param na porta de saída da empresa. Patrick Scholz dedica atenção especial à sua comunicação com as equipes. Scholz envia *briefings* mensais às equipes, chegando a fornecer informações financeiras detalhadas sobre as contas da empresa. "Não é tão fácil, pois no começo ainda são assuntos que parecem um pouco áridos para muitas pessoas nas equipes. No entanto, com o tempo, isso possibilitou criar laços reais de confiança e fazer com que as equipes criassem comprometimento com suas responsabilidades". Hoje, Patrick Scholz considera que a empresa está mais preparada para lidar com uma possível crise. A conexão criada com clientes, fornecedores, ecossistema e equipes é muito mais sólida: "O modo de rede funciona: a chave é, acima de tudo, a cada dia fazer as coisas de forma mais inteligente". Tenho 54 anos e me impressiono todos os dias com essa renovação do mundo das fábricas. É claro que haverá menos pessoas trabalhando nas fábricas no futuro, mas o ser humano sempre terá seu espaço, porque é a inteligência coletiva que impulsiona o progresso".

Tração tentacular:

10 perguntas que um líder deve fazer a si mesmo

- Eu poderia me integrar mais à minha rede de fornecedores confiáveis para melhorar a capacidade de resposta?
- Iniciei uma reflexão estratégica sobre a padronização dos meus sistemas ou componentes básicos a fim de criar plataformas de produtos?
- Na cadeia de valor a que pertenço, é possível desintermediar a relação com os clientes finais?
- É possível trabalhar com meus concorrentes atuais para oferecer novos serviços com valor agregado para os clientes?
- Quais dados de uso melhorariam o *design* de futuros produtos que estamos desenvolvendo?
- É possível gerar dados de produtos por meio de conectividade ou de redes sociais?
- É possível expandir o escopo do meu setor de origem usando plataformas digitais?
- Tentei criar uma rede de clientes fiéis?
- Como posso usar melhor meus clientes para obter produtos cada vez melhores?
- Minhas equipes estão cientes e treinadas no conceito de plataformas? Essas plataformas existem para realizar compras e divulgar informações?

Princípio nº 5

Storymaking

Inspirar o mundo com um projeto que transcende a própria empresa, dando o exemplo no dia a dia, no mundo real.

Somos realmente capazes de alcançar o sucesso quando vamos além do limite da paixão, mesmo que todos pensem que estamos loucos.

Ashlee Vance, biógrafo, sobre Elon Musk

O que é *storymaking*?

Impulsionar e conectar o sistema industrial foram dois pré-requisitos essenciais para o lançamento do foguete do teslismo no espaço. Os quatro pilares técnicos e organizacionais que detalhamos nos capítulos anteriores certamente foram necessários, mas eles não poderiam conduzir a mudanças duradouras se não fossem baseados em uma visão que insere a empresa e sua missão em um projeto muito maior e mais inspirador do que questões puramente "empresariais". O *storymaking* — ou "produção de histórias" — refere-se à capacidade de criar energia em torno de um objetivo motivador, tanto dentro da empresa quanto perante a sociedade, clientes e investidores. É claro que a lógica de contar histórias para transmitir ideias não é nova, mas seu uso massivo nas esferas econômica e política é muito recente e está ligado à noção cada vez mais expressiva da comunicação como chave do sucesso. Em 2017, todos os dias, 1 bilhão de horas de vídeo foram assistidas no YouTube (representando 114 mil anos no total), 500 milhões de *tweets* foram publicados e 1,4 bilhão de usuários se conectaram ao Facebook, dos quais 1,2 na versão móvel.

O conceito de *storymaking* deriva de *storytelling*. A novidade é que, em vez de apenas contar boas histórias, o *storymaking* também faz, ou seja, oferece o exemplo por meio da ação, demonstrando um tipo de autenticidade que passa não apenas pelo que é dito, mas também pelos valores da empresa e pelo que ela faz no cotidiano, em especial na figura de seus líderes (Figura 3.9).

Da promoção do produto a uma história inspiradora para todos

A Terceira Revolução Industrial começou com a customização de produtos, seguida por um foco crescente nos clientes e em suas necessidades. Os produtos acabaram adquirindo um real valor estatutário. No mundo automotivo, as marcas exploraram o desempenho e a qualidade para seduzir homens; a elegância e a juventude para seduzir mulheres; e a diversão para seduzir as gerações mais jovens. Apesar disso, o mundo fora da empresa está em contato apenas com algumas de suas funções, como vendas, *marketing* ou serviço de pós-venda. As abordagens internas da empresa, como o *lean manufacturing*, que enfatiza o valor criado pelas equipes para o cliente, permanecem "autocentradas" na fábrica. A fábrica se conecta com o cliente de forma "artificial", por meio da ideia de que todos devem direcionar sua energia para ele, mas o cliente real, concreto, nunca ou muito raramente está em contato com a fábrica. Com a hiperconexão entre equipes da linha de frente, as máquinas e os produtos de hoje, os mundos interno e externo das empresas não estão mais isolados um do outro. Como consequência, o modo da comunicação, que consiste em definir uma estratégia de *marketing*, de um lado, para os clientes, e de outro, para uma marca empregadora, torna-se obsoleto. Especialmente devido ao crescimento do espaço ocupado pelas novas gerações, que buscam propósito, e com a evolução exponencial das tecnologias, a disputa para atrair os melhores talentos está se tornando uma grande chave para o sucesso. Nas palavras de Mark Zuckerberg, CEO do Facebook, "Empresas que têm sucesso são aquelas nas quais as pessoas se sentem realmente envolvidas e que têm uma visão de mundo". O objetivo não é mais atingir um segmento de mercado ou um cliente, mas produzir uma história coerente, acessível, compreensível e inspiradora para todos os atores do ecossistema empresarial: colaboradores, jovens talentos, poder público, mídia, parceiros, fornecedores, etc. A empresa deve fazer parte de um projeto que vai além dela.

O ROI está morto. Longa vida à visão!

Na maioria dos casos, uma missão disruptiva requer recursos disruptivos. Isso porque uma *start-up* geralmente é uma organização que está em processo de busca de seu modelo de negócios. Portanto, em sua essência, ela não é lucrativa em seus primeiros anos, com perdas que são compensadas por uma taxa de crescimento exponencial. Enquanto isso, a visão é fundamental para motivar as tropas e manter o foco. Ao mesmo tempo, o mundo industrial está culturalmente ligado a uma visão muito contabilística do conceito de investimento, pois está naturalmente orientado para a procura pela eficiência a curto prazo. Um bom gerente de fábrica tomará um tempo para desafiar qualquer membro da equipe que envie uma proposta de investimento para garantir que o período de retorno não seja superior a 18 meses. Análises factuais serão, então, feitas para sustentar essa demonstração. Para participar da Quarta Revolução Industrial, é necessária uma mentalidade radicalmente disruptiva, especialmente por parte dos líderes. Investir para preparar o futuro significa, antes de tudo, forjar uma convicção baseada em uma visão estruturada e coerente. Essa visão muitas vezes vai além do simples desejo de conquistar um mercado. Trata-se de transformar uma atividade sempre tendo em mente a sua razão de ser. Quanto mais o chefe acredita em sua visão, quanto mais ousado e persuasivo ele se mostra, mais ele prepara sua equipe para tomar decisões de investimento com perspectiva de longo prazo, guiadas essencialmente por uma lógica holística, e não pela lógica da rentabilidade local. Assim, a maioria das vitrines da indústria do futuro destacam o princípio da confiança como ingrediente essencial para que cada decisão que tenha de ser tomada na empresa seja a decisão certa, guiada por uma visão comum e coerente. Não se trata de investir aleatoriamente ou se tornar um "*techno*-maníaco", mas de pensar como um acionista de empresa familiar que se prepara para o futuro.

O chefe midiático: *cool* por fora, firme por dentro

Como comunicar bem sua visão? Esse é um grande desafio, pois é preciso criar intimidade com todos os agentes do ecossistema sem revelar demais para não permitir que os concorrentes consigam copiar facilmente os pontos fortes que diferenciam o modelo dos demais. Encontramos na comunicação da Tesla, como na de muitos líderes ou políticos modernos, uma forma de paradoxo. Por um lado, há um estilo de comunicação externa que é muito direto e informal e se dá por meio das mídias sociais. Por outro, há grande sigilo em relação aos procedimentos operacionais internos na tentativa de evitar os efeitos negativos do crescimento exponencial, isto é, a ruptura que faz explodir o modelo. O objetivo real é controlar a informação, o *timing* e os canais escolhidos. Na Tesla, por exemplo, Elon Musk é, ele próprio, uma pessoa midiática, capaz de responder instantaneamente aos clientes que lhe fazem perguntas e de "tuitar" várias vezes ao dia sobre seus projetos e seus andamentos. Isso cria uma impressão de transparência. Ele mesmo também promove uma forma de abertura na maneira de inovar, dando acesso em código aberto a múltiplos elementos de seu *software* ou afirmando oficialmente que deseja que outros fabricantes os copiem. Seu objetivo final é contribuir para a transição energética global. Dito isso, por outro lado, quando tentamos entender o modo de funcionamento interno da empresa, é impressionante constatar que as portas estão trancadas — pode-se dizer que com três voltas de chave. Para escrever este livro, por exemplo, o autor pôde conversar com muitos funcionários e ex-funcionários atuais da Tesla, mas nenhuma entrevista oficial foi concedida. Da mesma forma, as visitas às instalações da empresa vêm acompanhadas de um termo de confidencialidade, especificando uma conduta muito estrita no local, mesmo que não haja nada aparentemente confidencial sobre a visita. *Cool* por fora, firme por dentro, o modo de comunicação associado ao teslismo é, portanto, mais complexo do que parece à primeira vista.

A volta do chefe-técnico

Com a financeirização e a globalização da economia na década de 1980, as qualidades exigidas para se tornar um grande líder industrial pareciam estar mais associadas às competências "empresariais" e "políticas" do que às competências técnicas e setoriais. Assim, muitos grandes chefes passam de um setor para outro com sucesso e revigoram grandes grupos graças às suas qualidades analíticas e suas habilidades de gerenciamento. A Alemanha e o Japão são dois países que constituem exceções. Culturalmente, eles mantiveram o hábito de nomear grandes chefes de sua indústria nacional, com sucesso. Nos últimos anos, no entanto, houve uma reviravolta bastante visível em muitos outros países, particularmente no setor automotivo. Na França, por exemplo, Carlos Ghosn na Renault e Carlos Tavares na Peugeot são dois chefes reconhecidos pelo detalhismo em tudo que fazem e, portanto, por criar um ambiente de pressão sobre as equipes. Vemos o mesmo na Tesla. Elon Musk é conhecido por se aprofundar regularmente em cada detalhe de todos os assuntos importantes, desde o desenvolvimento de produtos até a fabricação. Os colaboradores contam que uma conversa com

Elon Musk representa sempre um momento de grande estresse, pois ele os "desafia" muito e espera respostas bem fundamentadas, concretas e ambiciosas. Ashlee Vance, seu biógrafo, conta que, em alguns casos, Musk não hesita em assumir o controle de um projeto se sente que ele está mal administrado, para mostrar ao responsável em questão como fazê-lo e para dar o exemplo a todos os envolvidos.

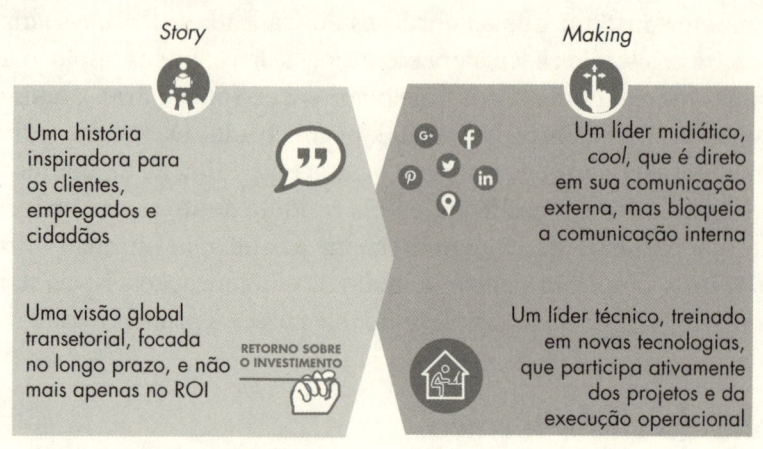

Story

Uma história inspiradora para os clientes, empregados e cidadãos

Uma visão global transetorial, focada no longo prazo, e não mais apenas no ROI

RETORNO SOBRE O INVESTIMENTO

Making

Um líder midiático, *cool*, que é direto em sua comunicação externa, mas bloqueia a comunicação interna

Um líder técnico, treinado em novas tecnologias, que participa ativamente dos projetos e da execução operacional

Figura 3.9 As quatro facetas do *storymaking*.
Fonte: Opeo.

O que a Tesla nos ensina

Para entender a capacidade que Elon Musk tem de se focar em todos os aspectos técnicos de seu trabalho é preciso voltar à sua infância. Vance escreveu que Musk foi um dos primeiros *nerds* a aprender a programar, ainda muito jovem, tendo sempre sido apaixonado não só por computadores, mas também por física em geral. Foi assim que ele adquiriu a convicção do primeiro princípio, de que falamos no capítulo sobre hipermanufatura. A ideia é simples: independentemente do problema a ser resolvido, sempre vale a pena retornar ao princípio físico subjacente para se libertar de todas as restrições ou hábitos que costumam existir em um determinado setor ou sistema.

Enquanto escrevia este livro, o autor escutou muitas pessoas dizerem o mesmo: "A Tesla não dá certo, é um sumidouro de dinheiro".

Mas então por que os mercados financeiros, com os quais Musk tem um relacionamento tão tumultuoso, continuam confiando nele apesar de tudo? Esse aparente paradoxo é indicativo do profundo mal-entendido que reina sobre a própria natureza dos negócios. Afinal, a Tesla ainda é uma *start-up*. Os investidores não são bobos: eles apostam na visão final de Musk. Por isso, todo o estilo de comunicação de Musk gira em torno da missão que ele estabeleceu para a empresa e que ilustra perfeitamente a noção de *storymaking*: "A missão da Tesla é acelerar a transição para as energias sustentáveis".

Assim, o foco da missão da Tesla não está apenas em seus clientes: os produtos são apenas meios para chegar a um fim. Elon Musk disse recentemente em uma entrevista: "Gostaria de morrer pensando que a humanidade tem um belo futuro pela frente". Uma das chaves desse discurso é a proposta de uma visão global de mudança. Dessa forma, a Tesla não se apresenta apenas como fabricante de automóveis; ela se coloca como agente da transição energética. A ideia geral é revolucionar o mundo do transporte de passageiros, oferecendo veículos que respeitem o meio ambiente; que se tornem autônomos e, desse modo, possibilitem que os clientes economizem tempo (um estadunidense passa em média 12 dias inteiros por ano em seu carro); que exijam menos manutenção do que a média (cerca de 80% menos do que para um veículo não elétrico; que sejam interligados com uma rede de energia limpa para facilitar o armazenamento e a reciclagem de energia; e, por fim, que sejam utilizáveis sob demanda, para que um cliente da Tesla possa alugá-los a terceiros enquanto não os estiver usando. A principal consequência da implementação dessa visão seria que as malhas viárias e as próprias infraestruturas se tornariam obsoletas, levando a uma reformulação completa das infraestruturas urbanas e dos modos de vida. A extensão da economia de compartilhamento a uma frota de veículos limpos possibilitaria ter menos carros em circulação, menos poluição, menos ruído e, portanto, uma cidade totalmente reconfigurada.

Além da visão "completa e coerente", capaz de convencer uma massa crítica de talentos a seguir seu plano, Elon Musk também gosta de expor objetivos radicais, que criam um grande movimento de união em torno de uma busca comum. A colonização de Marte é um excelente exemplo dessa maneira disruptiva de pensar. Ela funciona porque os estudantes que querem trabalhar para Musk não têm a sensação de começar um "novo emprego", mas de fazer parte de um projeto para salvar a humanidade. Então, quando você entra pela porta da Tesla, você se sente mais em um clube de *nerds* ou em um laboratório do que em uma fábrica ou um centro de P&D.

Sua forma de comunicar vem acompanhada de certos comportamentos muito concretos que equilibram a "história" com o "fazer". Elon Musk é um "fazedor". Ele mesmo se comunica regularmente com as melhores universidades para detectar os alunos com as melhores notas e recebê-los pessoalmente e se envolve totalmente em cada novo projeto que é lançado por suas várias empresas. Sua ambição desproporcional eleva as expectativas sobre os resultados muito além do que se espera tradicionalmente dos setores em questão. Foi ele quem pediu às suas equipes que antecipassem as necessidades dos clientes desenvolvendo puxadores de porta "retráteis" no Modelo S ou desenvolvendo uma tela sob medida, em uma dimensão que não existia antes, para criar um console central digno dos melhores videogames. Tudo o que é desenvolvido pela Tesla deve ir além do que o mercado espera, adotando-se um perfeccionismo até mesmo para fazer coisas que podem parecer insignificantes — e essa também era uma das características de Steve Jobs. Um engenheiro que trabalhou com Musk no para-sol do Modelo S repete as palavras deste durante o *briefing* inicial: "Quero que encontremos o carro que tem o melhor para-sol do mundo e que desenvolvamos um melhor ainda". Essa forma de colocar expectativas muito altas para todas as suas equipes é também uma maneira de Musk transpor para o trabalho diário das equipes a ambição excessiva contida na sua *"story"*. E não são apenas palavras bonitas. Ele leva o exemplo muito a sério, ao ponto de realizar, ele próprio, certas tarefas básicas quando necessário. O engenheiro-chefe da SpaceX conta como Elon Musk sistematicamente concluiu projetos por conta própria depois de dispensar uma pessoa que simplesmente não estava fazendo o trabalho corretamente. Por fim, Musk tem um papel importante na comunicação externa da empresa, contando com 12,1 milhões de seguidores no Twitter[1] — mais do que os

---

[1] N. de R.: Em 26 de agosto de 2022, Elon Musk contava com mais de 104 milhões de seguidores no Twitter.

10 maiores fabricantes do mundo juntos — e com vídeos no YouTube que já foram assistidos mais de 30 milhões de vezes.

No geral, o *storymaking* incorporado por Elon Musk é um elemento-chave do teslismo que traz muitos benefícios. A Tesla atrai os melhores talentos do Vale do Silício em uma bacia de empregos onde a concorrência com *players* digitais é exacerbada. É uma das empresas mais atrativas, com mais de 500 mil candidaturas espontâneas em 2017. A empresa contribui para tornar o setor atraente novamente — vale relembrar que o último nascimento de um fabricante de automóveis data do início do século XX.

A Tesla ocupa o sexto lugar entre as empresas favoritas dos estudantes dos Estados Unidos, ao passo que nenhum outro fabricante está no *top* 50. O orçamento de *marketing* da Tesla é 40% menor que o de seus principais concorrentes. Os clientes da marca formam uma comunidade tão grande de *believers*, que a maioria dos modelos foi feita por meio de financiamento coletivo de clientes antes mesmo que o desenvolvimento do produto estivesse completo, o princípio básico do fluxo pulsado, descrito no capítulo sobre tração tentacular.

Esse modo de comunicação tem como contrapartida um certo modo de gestão: o nível de exigência, o ritmo e os métodos de avaliação impostos por Elon Musk são muito criticados. Um ex-funcionário, por exemplo, conta que vários engenheiros muito brilhantes deixaram a empresa durante o desenvolvimento do Modelo X. O motivo? Elon Musk não quis ceder em alguns pontos de seu projeto para o sistema de abertura das portas traseiras, embora a equipe de desenvolvimento tivesse excelentes argumentos para defender uma versão ligeiramente adaptada. A atratividade da Tesla significa também que há uma rotatividade relativamente alta de gerentes. Eles são menos bem pagos do que a média local, estão sob grande pressão e são facilmente substituídos em caso de discordâncias. Consequentemente, o tempo gasto no treinamento de recém-recrutados constitui um gargalo para a empresa. Mesmo um estilo de gestão baseado em energia e confiança também tem seus problemas. Alguns "bons soldados" são promovidos rapidamente, mas, em seguida, atingem um limite em termos de competências, sobretudo em termos de eficiência industrial, e a empresa precisa de competências especializadas mais do que nunca — e por isso tem de eventualmente fazer recrutamentos externos.

Depoimento da ALFI Technologies

"O *storymaking* é, antes de tudo, um reflexo da visão do CEO e de sua motivação pessoal"

A ALFI Technologies é especialista em engenharia, fabricação de linhas de manutenção e *design* de soluções de produção automatizadas. Yann Jaubert, que está na liderança do grupo que ele vem ajudando a moldar e renovar desde 2009, explica-nos sua visão do *storymaking*. Em um contexto de aquisições de empresas e em um setor em rápida mudança, ele analisa os principais ingredientes que lhe permitiram tomar a dianteira dos seus concorrentes. Graças ao digital e a uma forte motivação dele, a imagem do grupo que ele construiu melhorou gradualmente, tanto aos olhos de seus clientes quanto aos de suas equipes. Desde o início da conversa, Yann Jaubert explica o lado sistêmico da transformação que ele acompanha diariamente: "O fato de estarmos vivendo essa epopeia juntos realmente é o mais importante; seria difícil escolher uma lembrança específica sem contar toda a história".

Definir um porquê na forma de uma missão comum: uma das chaves para o sucesso no Novo Mundo

Um dos primeiros ingredientes dessa mudança é a definição de uma visão coerente e que transcenda a simples fabricação e venda de máquinas. "Se você explicar a um jovem recém-formado que você é um fabricante de máquinas e que está procurando um engenheiro de automação competente, é quase certo que não contratará ninguém". Na narrativa de mudança que ele criou, três elementos principais explicam seu sucesso em atrair novos clientes, manter os de longa data e recrutar jovens talentos. O primeiro é definir uma missão comum a todos, seja como empresa que reúne várias entidades com modos de funcionamento e missões semelhantes, seja como equipe com um objetivo inspirador, o de ajudar a definir os processos industriais dos setores do futuro. Em segundo lugar, é preciso que as equipes tenham consciência da revolução digital em que estão inseridas, mesmo que "no dia a dia não percebamos nada, que isso ocorra lentamente", declara. Por fim, o terceiro ingrediente essencial é o do avanço tecnológico. No caso das tecnologias ALFI, esse avanço se traduz no conceito de fábrica virtual, que permite projetar e produzir linhas de manutenção de forma muito mais ágil e integrada com os negócios e oferecer serviços inovadores a longo prazo para se diferenciar dos concorrentes em países com baixos custos de produção.

O *storymaking* é, antes de tudo, uma motivação do líder, que deve começar por receber, ele próprio, treinamento nas tecnologias do futuro

A opinião de Yann Jaubert é clara: em todos esses assuntos, a motivação inicial deve partir do líder, que precisa entender, por si próprio e de forma muito detalhada, os meandros das novas tecnologias, para poder fazer boas escolhas nesse sentido e definir uma estratégia adequada. Por exemplo, Yann Jaubert primeiro fez um treinamento em inteligência artificial, selecionou *start-ups* e criou com elas um plano para testar o conceito nos produtos da empresa. O papel do líder é especialmente importante, pois nem sempre é fácil definir a forma correta de implementar uma determinada tecnologia, mesmo para os parceiros da empresa. "As *start-ups* têm ótimas ideias, mas raramente uma visão clara de como melhor testá-las. Mas não acredite que os dados são mágicos; não basta armazená-los. A competência no negócio continua sendo essencial para desenvolver soluções inovadoras e relevantes". É só posteriormente que as equipes entram no ciclo e são treinadas. "O erro seria acreditar que você deve primeiro contratar 10 cientistas de dados para ter sucesso. Essa não é a abordagem certa. Você deve primeiro entender e depois testar os conceitos um por um".

O líder do futuro também é uma pessoa midiática que ajuda a moldar o ecossistema de negócios

Compreender as tecnologias do futuro e definir a estratégia certa para testá-las é, portanto, essencial. Mas, antes, é uma questão de se conectar ao seu ecossistema para se alimentar continuamente de novas ideias e fazer com que a visão da empresa evolua. No entanto, para Yann Jaubert, não existe "um ecossistema" da empresa, pois esse é um conceito dinâmico. Cabe ao líder criar o seu próprio ecossistema, estando sempre atento, em especial graças às redes sociais. "Sim, eu me considero uma figura midiática, pois estou sempre comunicando a visão da empresa. As redes sociais também são um canal importante para que eu me alimente de coisas novas todos os dias. Isso faz parte do meu papel e, portanto, da minha agenda". O ecossistema

ALFI claramente evoluiu muito desde que o grupo foi criado: "Há 10 anos, eu estava cercado principalmente por fabricantes de robôs. Hoje, estou sempre buscando conhecer *start-ups* inovadoras. É com essas reuniões e com as discussões que temos continuamente com nossos clientes que temos novas ideias e desenvolvemos o ecossistema pouco a pouco".

Motivar sua equipe significa apresentar vitórias concretas nas POC

Na entanto, só ter ideias não basta, já que o primeiro objetivo do plano estratégico da ALFI obviamente é a rentabilidade. As equipes têm consciência disso. Uma das chaves para motivá-las é, portanto, divulgar resultados concretos por meio de uma POC. Nas palavras de Jaubert, "você precisa de alguns sucessos iniciais antes de fazer castelos no ar". A ALFI conseguiu, por exemplo, encontrar um cliente potencial (um grupo de distribuição alemão muito grande) graças a uma POC de uma fábrica virtual que havia sido apresentado em uma feira. "Foi um grande sucesso. Eles vieram nos ver no estande e, depois, em nossas instalações e ficaram convencidos. Conseguimos simular o manuseio de pacotes em um nível muito fino de detalhes, com fricção, colisão, etc. No final, eles encomendaram uma máquina nossa. A Alemanha é muitas vezes considerada o país da Indústria 4.0; por isso, as equipes ficaram impressionadas que tenhamos conseguido obter esses clientes". Por último, é preciso focar em uma massa crítica de pessoas na empresa e convencê-las do projeto para que tragam com elas o restante das equipes.

Modularidade, dados e plataformas digitais: o principal desafio para os próximos anos

Hoje, muito do sucesso da ALFI se deve à simulação digital, um elemento estruturante que possibilita mais rapidez, desde o *design* até a distribuição, oferecendo serviços inovadores. Yann Jaubert explica como sua equipe passou de uma situação em que levava vários meses para definir e traçar uma linha que funcionasse e atendesse às necessidades do cliente, para um período de semanas, com um custo de desenvolvimento muito menor. Claro, isso também é acompanhado por uma política de modularização bem-pensada, implantada aos poucos, sem necessariamente ter um "*big bang*". Jaubert explica que cada inovação é considerada um "*plug-in*" que agrega à empresa; isso permite tanto fazer as coisas de forma diferente, mais rapidamente, quanto reforçar o básico, como componentes ou subsistemas padrão. "Foi-se o tempo em que demorava um ano para instalar um grande ERP ou um grande CRM. Hoje em dia as coisas evoluem tão rapidamente que em um ano o projeto já não teria relevância". O principal desafio para os próximos anos, portanto, é outro: assumir uma posição forte na captura e no uso de dados, e isso em toda a cadeia de valor da construção de máquinas industriais. "Hoje existem agentes muito grandes no setor, como Bosch, GE, Siemens e Dassault Systèmes. É uma guerra para obter a melhor redistribuição de valor possível. Todo mundo quer criar sua própria plataforma para se tornar indispensável".

A fábrica do futuro será mais ágil, mais inteligente, e certamente os humanos estarão presentes, sobretudo na Europa

Apesar de tudo, Yann Jaubert mantém os pés no chão. "Não estamos no setor B2C, não devemos lutar a batalha errada. Sempre haverá processos barulhentos e pessoas trabalhando em fábricas operando máquinas. Não se trata, portanto, de disrupções repentinas, mas sim de uma corrida permanente para tomar a dianteira dos outros agentes e não nos darmos por vencidos só porque perdemos uma tecnologia importante". Para ele, a fábrica do futuro será, acima de tudo, mais ágil e mais inteligente, com fortes consequências no papel do ser humano: "Teremos de treinar constantemente e estar sempre transmitindo uma visão inspiradora às equipes. As coisas estão mudando tão rapidamente que a evolução das competências e da cultura muitas vezes têm dificuldades para acompanhar as mudanças na tecnologia". Uma das principais satisfações para a ALFI nos últimos anos é ter conseguido trazer de volta clientes insatisfeitos e, sobretudo, ter restabelecido um sentimento de orgulho nas equipes de fazer parte de um grupo que usa a revolução digital para reconstruir gradualmente uma imagem dinâmica e inovadora. Assim, a velha Europa tem todas as chances na batalha pela liderança mundial: "Não temos as mesmas armas que os EUA ou a Ásia, que têm acesso relativamente fácil ao capital. No entanto, temos um excelente domínio dos ofícios tradicionais e uma capacidade de mobilizar as capacidades de inovação de nossas equipes, e isso faz diferença. Acredito firmemente que o setor industrial tem um papel importante na modernidade e no alto desempenho da Europa de hoje".

Storymaking:
10 perguntas que um líder deve fazer a si mesmo

- Passei tempo suficiente articulando minha missão, minha visão e minha estratégia operacional?
- Minha visão é inspiradora e disruptiva o suficiente para atrair talentos e criar uma comunidade com meus clientes?
- Tenho canais suficientemente reativos, como uma rede social da empresa, para compartilhar minha visão, enviar mensagens em ciclos curtos e coletar *feedback*, sem filtros, de cada funcionário que desejar?
- Estou sendo suficientemente claro na comunicação de minha visão para fora da empresa, como, por exemplo, às autoridades locais, aos meus parceiros financeiros, aos meus clientes?
- Eu próprio sou suficientemente ativo como porta-voz da empresa?
- Tenho uma conta no Twitter e um perfil coerente em todas as redes sociais, com uma moderação estruturada, de frequência regular, da minha comunicação nas redes?
- Estou passando tempo suficiente com as equipes em campo para participar do desenvolvimento e da fabricação eficiente de meus produtos?
- Eu seria capaz de substituir qualquer pessoa que esteja liderando um projeto inovador, se necessário, e levá-lo até o fim?
- Estou treinado o suficiente em novas tecnologias e no ramo de atividade básico da empresa para poder discuti-los com cada funcionário e tomar as decisões certas em um curto espaço de tempo?
- Quando estou em campo, comunico de forma clara e motivadora a estratégia e os objetivos da empresa?

Princípio nº 6

Liderança de *start-up*

Incutir uma mentalidade de *start-up* em toda a empresa para favorecer a proatividade e o desenvolvimento das equipes.

Quando decide fazer algo, ele se dedica mais do que qualquer outra pessoa.

Ashlee Vance sobre Elon Musk

O que é liderança de *start-up*?

Vimos que o *storymaking* é a capacidade do líder de transmitir um nível extraordinário de motivação na empresa da Indústria 4.0. No entanto, se o sistema industrial não puder continuar a transmissão desse ímpeto, essa energia se diluirá. A liderança de *start-up* (em inglês, *start-up leadership*) responde à necessidade de a ambição e a energia do líder se refletirem em campo. Ela é, ao mesmo tempo, um sistema e uma atitude gerencial que encoraja a criatividade e a iniciativa, dando mais responsabilidade para as equipes e, ao mesmo tempo, praticando um *coaching* regular para permitir que cada indivíduo se desenvolva e esteja em sintonia com a missão da empresa. A ideia é incutir em todas as equipes uma mentalidade que permita recriar, à semelhança do que acontece nas *start-ups* mais bem-sucedidas, uma energia positiva em torno de um projeto inspirador e desenvolver modos de reação muito flexíveis.

No entanto, apenas a mentalidade de *start-up* não basta na indústria. É vital garantir uma coerência geral do sistema, de modo que os esforços de cada indivíduo sejam reunidos na geração de inteligência coletiva. Além disso, um estudo realizado pela Industry Week, em 2016, nos Estados Unidos[1], mostra que os líderes industriais consideram a formação em estilos de liderança, a gestão de desempenho e o treinamento nas competências do futuro como os três ingredientes essenciais para a atratividade do seu negócio.

Isso envolve tanto um novo modelo gerencial (organização, papéis e responsabilidades, indicadores de desempenho, método de resolução de problemas, agenda e gestão do tempo) quanto novos comportamentos gerenciais, baseados em uma forma renovada de liderança.

Do sistema de pirâmide à kaizenocracia

No início do século XX, a indústria moderna foi essencialmente construída em torno de grandes personalidades, como Édouard Michelin ou Henry Ford. Eles marcaram o setor com sua visão extraordinária e sua

---
[1] "The Future of Manufacturing, 2020 and Beyond", *Industry Week*, 2016.

capacidade de liderar grandes equipes usando um método "diretivo". Era uma época de grandes líderes visionários. O sistema que eles administravam era piramidal por essência. As decisões eram tomadas no alto escalão, os engenheiros desenvolviam padrões operacionais, e as equipes os aplicavam. O sistema Toyota revolucionou esse modelo a partir da década de 1960. No entanto, ao contrário do que os concorrentes diretos da Toyota muitas vezes acreditavam na época, o que determinou a vantagem da empresa sobre as demais não foi o *just in time*, a padronização ou o conjunto de ferramentas de campo que foram concretamente implementadas pela empresa. A chave para o sucesso está no estilo de gestão. O sistema Toyota baseia-se na melhoria da base para o topo, confiando a todos os cérebros da empresa a tarefa de encontrar soluções de melhoria. Isso seria mais tarde conhecido como *kaizen*, ou "melhoria contínua". O gestor assume um papel significativamente diferente no sistema: à estrutura hierárquica e à visão somam-se as habilidades de gestão das equipes e de resolução de problemas, de modo que cada colaborador possa contribuir sem desperdiçar oportunidades, sinalizando suas dificuldades e propondo soluções apropriadas. No sistema Toyota, os "colarinhos azuis" assumem a maior parte da gestão da empresa; ele se baseia no carisma e na capacidade de liderança de algumas pessoas, uma forma de kaizenocracia em que todos participam da melhoria.

Os principais pontos em comum entre o fordismo, na Segunda Revolução Industrial, e o toyotismo, na revolução seguinte, são um sistema muito robusto e um comportamento gerencial coerente com os princípios do sistema. Mais concretamente, por exemplo, o toyotismo exigia atenção especial ao desempenho do monitoramento e, portanto, avaliações frequentes de desempenho em todos os níveis, visitas à fábrica para "ver com os próprios olhos" e sessões diárias nas quais os principais gerentes seniores se envolviam na solução de problemas. Esses ingredientes do sistema permitem que o gerenciamento auxilie as equipes da linha de frente a ter o melhor desempenho possível. Mas tudo isso só faz sentido se os gestores também adotarem a atitude correta durante esses rituais, adaptando sua agenda para participar deles sistematicamente, sendo pontuais e precisos, mostrando-se exemplares durante as interações, adotando as atitudes mais adequadas e, aconteça o que acontecer, estimulando a participação de todos e auxiliando cada membro da equipe a desenvolver suas habilidades para descobrir as melhores soluções.

Uma diferença notável entre os dois modos de organização é que o fordismo permanece muito autocentrado, ao passo que o toyotismo apresenta um nível muito mais alto de abertura. Esse grau de abertura é resultado do princípio de estreita colaboração com clientes e fornecedores para garantir um alto nível de padronização de veículos e instalações industriais, fazendo com que o *just in time* seja o mais eficiente possível. No entanto, ao mesmo tempo, a evolução das tecnologias e das profissões obriga as funções de apoio a especializar-se cada vez mais e a operar cada vez mais em "silos", afastando-se de sua missão original, que é estar sempre a serviço da produção.

Liderança no modo *start-up*: um novo sistema de gestão

A revolução do modo start-up

Várias mudanças importantes colocam em questão esses dois sistemas — ou parte deles — nascidos no século XX. Em primeiro lugar, as novas gerações já não se reconhecem em superestruturas autocentradas que deixam pouco espaço para o intraempreendedorismo. Em segundo lugar, com o *boom* digital, a maioria dos funcionários está em comunicação constante, em tempo real, com o mundo exterior. Assim, o "poder" que antes era monopolizado por funções de apoio superpoderosas ou pela hierarquia, agora está diluído nas equipes da linha de frente, já que informações e dados transitam constantemente da base para o topo. Por fim, o progresso exponencial das tecnologias torna quase impossível que um único participante em uma cadeia de valor domine completamente todo o *know-how*, por mais integrado que ele seja. O sistema e os comportamentos gerenciais devem, portanto, se adaptar novamente para permitir que a troca de informações seja acelerada. Para aproveitar ao máximo essa aceleração das trocas, a única solução é delegar às equipes de linha de frente boa parte das decisões que antes eram privilégios da gestão. As equipes estão em contato permanente e em tempo real com clientes, fornecedores e parceiros da empresa e, assim, estão em melhor posição para conduzir a execução do dia a dia. Atribuir mais responsabilidade às equipes é, portanto, o grande desafio da liderança de *start-up*. O objetivo é garantir que todos se apropriem do *storymaking* do líder. Para que isso aconteça, várias transformações do sistema de gestão devem ser realizadas previamente.

Aceleração das práticas de gestão de desempenho por meio do digital

A primeira transformação envolve o uso do digital para acelerar a velocidade de trânsito e a absorção das informações relacionadas à gestão de desempenho. O digital permite que os alertas das equipes cheguem à sua gestão ou às funções de suporte mais rapidamente. Assim, os ciclos da informação que normalmente levavam um dia para sinalizar um problema de qualidade ou uma interrupção de fluxo agora são relatados em tempo real, graças a um sistema Andon digital. Por meio de fluxos de trabalho configuráveis, eles são direcionados para a pessoa certa, com a competência certa, no nível certo. As visitas gerenciais de campo (rituais que estruturaram os melhores sistemas derivados do toyotismo) também estão sendo digitalizadas, trazendo como vantagens a resposta em tempo real do que é detectado, o compartilhamento da informação entre níveis e entre funções e o alinhamento nas definições das ações ou decisões a serem tomadas. Com a digitalização, também é possível fazer, se necessário, visitas direcionadas para um elemento específico a cada dia. As avaliações de desempenho (exercícios diários fundamentais na gestão das equipes) se beneficiam dessa contribuição por meio de uma gestão visual de indicadores que podem ser retroalimentados diretamente da linha de frente e, acima de tudo, do monitoramento das ações com o uso de ferramentas colaborativas de compartilhamento de ações. Por fim, a resolução de problemas, exercício essencial para a melhoria contínua, também é acelerada, pois as informações enviadas pelas máquinas por meio de dispositivos IoT são mais precisas. Isso também é possível porque a análise de dados se torna mais eficiente e a composição das equipes é mais bem determinada, o que acaba se refletindo nas ações que elas têm de executar. As equipes podem ser alertadas e convidadas a participar de forma específica por meio de ferramentas digitais de organização de agenda. O digital também possibilita um melhor compartilhamento de informações com os clientes. Ele dá acesso a algumas informações sobre a evolução dos pedidos ou das solicitações, o que mais uma vez alivia a carga puramente transacional de certas funções de suporte. É possível também compartilhar informações de uma forma melhor com parceiros e terceirizados, dando a eles uma visão mais clara sobre o planejamento de seu trabalho a longo prazo, o que gera uma melhoria na eficiência geral do fluxo. Como última grande vantagem do digital, o monitoramento geral da execução correta do controle do processo (Process Management Control) pode ser feito de maneira muito simples e visual, aplicando-se o princípio de *kamishibai*[2] de forma eletrônica. Essa confiança no indivíduo para o controle das execuções diárias facilita o alinhamento de todos os envolvidos em uma cadeia operacional, seja uma fábrica, um centro logístico ou toda uma cadeia de suprimentos.

Definir o papel do arquiteto 4.0 para garantir uma coerência geral

A segunda transformação consiste em colocar em prática um controle de coerência: a gestão deve assumir a responsabilidade de detectar e facilitar a implantação de soluções inovadoras bem-sucedidas. As POCs permitem impulsionar a energia das equipes da linha de frente localmente para lançar ferramentas inovadoras, como um *kaizen* 4.0. A desvantagem é quando esses esforços não são canalizados, o que torna difícil replicá-los em outros lugares. A liderança deve, então, ter o cuidado de evitar a divergência do sistema e a criação de células que não têm mais nada em comum. Além disso, a digitalização não faz milagres: o desperdício digital não gera mais valor do que o manual.

---

[2] Literalmente, "teatro de papel" em japonês. É uma ferramenta de gestão visual composta de um quadro com cartões voltada para auditorias no processo de fabricação.

Diante do grande número de soluções existentes para digitalizar processos, não é necessariamente fácil encontrar a que melhor se adapte à organização em vigor e ao contexto da empresa. Na verdade, isso é quase impossível sem um monitoramento consistente e permanente em busca de fornecedores de soluções, incluindo para monitoramento, gerenciamento e colaboração entre equipes. Todas essas prerrogativas se enquadram em uma nova função na empresa: a de arquiteto 4.0. Estabelecer essa função não é fácil, porque o perfil associado é um híbrido entre experiência digital e operacional e gerenciamento de mudanças.

A evolução do papel das funções de apoio

A terceira transformação a ser feita envolve o papel das funções de apoio. Aumentar as responsabilidades e a autonomia das equipes exige uma mudança significativa no papel de algumas dessas funções. Por exemplo, se as equipes da linha de frente são autorizadas a gerenciar seu próprio processo de recrutamento, provavelmente o resultado não se encaixará nas políticas de RH da empresa, e isso traria implicações para as pessoas atualmente responsáveis pelo recrutamento e desenvolvimento de carreira. O papel do RH está evoluindo para a função de facilitador, em vez de prescritor, garantindo uma forma de unidade operacional em toda a organização. Podemos trazer também o exemplo do operador de uma máquina, que está cada vez mais conectado aos sistemas da empresa por uma interface digital, o que lhe permite ter acesso direto a informações que antes passavam por um intermediário do departamento de engenharia, métodos, qualidade ou logística. Hoje, ele pode, por exemplo, fazer pedidos de subcontratação ou receber informações do cliente final. Esse fluxo de dados era tradicionalmente gerenciado por muitos intermediários das funções de suporte: a administração de vendas, a cadeia de suprimentos, os planejadores, os lojistas, etc. Assim, as profissões de suporte estão evoluindo e não têm mais um papel transacional de transmissão de informações ou implementação de padrões operacionais. Elas participam do desenvolvimento das competências, da vigilância tecnológica e, acima de tudo, aprimoram constantemente o sistema, auxiliando as funções centrais na resolução dos problemas na raiz. A detecção de problemas pode ser relativamente rápida de ser digitalizada, mas é preciso um esforço muito maior para acelerar a velocidade de resolução desses mesmos problemas. Além de ferramentas, esse esforço requer uma mudança nas competências e na mentalidade, principalmente das funções de suporte, como manutenção industrial, TI industrial, qualidade, métodos, departamento de engenharia, etc. — funções cujos papéis de "especialista" e "suporte" na resolução de problemas se tornaram um dos gargalos de todo o sistema industrial. Se as duas mudanças — ferramentas e mentalidade — não forem realizadas paralelamente, essas funções correm sérios riscos de saturação e desencorajamento.

Abrir-se ao mundo exterior para garantir acesso a competências raras

Em quarto lugar, a empresa deve, mais do que nunca, estar aberta a parcerias específicas. Por exemplo, se os líderes realmente querem adaptar sua abordagem para se tornar *coaches* e suporte da linha de frente, um dos pré-requisitos essenciais é que eles sejam capazes de entender o impacto das novas tecnologias, como a robótica colaborativa ou a impressão 3D. A formação contínua nessas tecnologias torna-se obrigatória, ou por meio de cursos já existentes, ou — o que é mais frequente — de *techlabs*, que exploram em tempo real as tecnologias testadas ou implementadas na organização e oferecem equipamentos, cursos e recursos internos ou compartilhados para treinar as equipes. Por isso, torna-se essencial cercar-se de bons centros de competências locais, em consórcio com empresas da região, setores ou instituições locais. Outro exemplo envolvendo tecnologias muito específicas é a dificuldade de encontrar as competências necessárias, tanto na empresa quanto no ecossistema próximo. Esse é o caso, por exemplo, de cientistas de dados, que são recursos bastante raros, em grande parte sequestrados pelo setor digital. Por isso, é importante encontrar parceiros que possam oferecer assistência pontualmente, mas pensando em um relacionamento de longo prazo, facilitando o compartilhamento dessas competências raras (Figura 3.10).

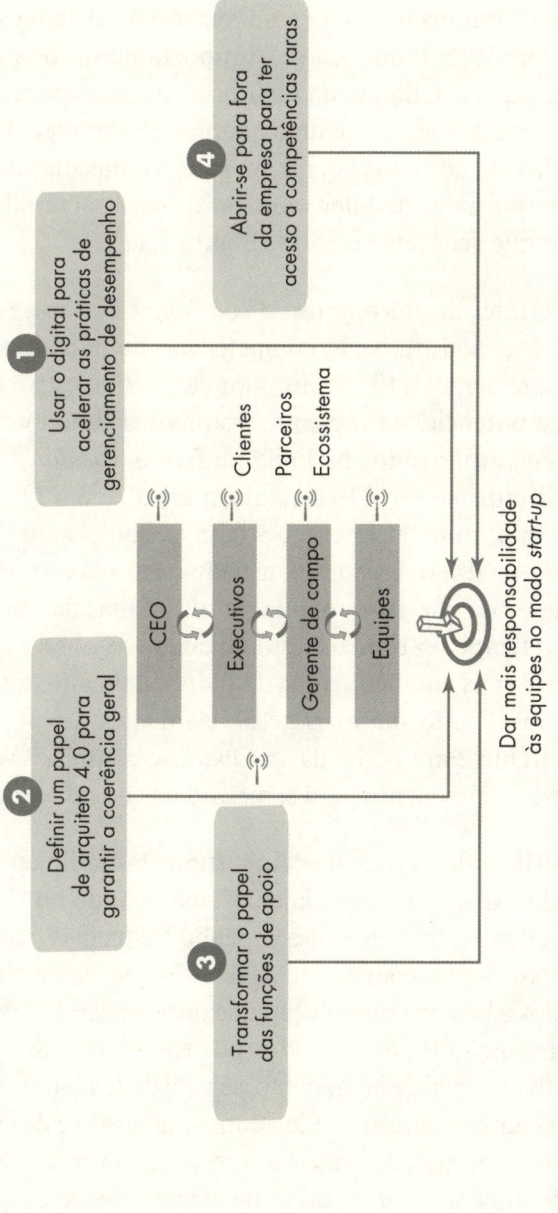

Figura 3.10 O sistema da liderança de start-up.
Fonte: Opeo.

Liderança no modo *start-up*: novos comportamentos gerenciais

O pré-requisito mais importante para a adaptação do sistema gerencial é também, e sobretudo, a mudança de comportamento dos próprios líderes. De fato, a transição da era da melhoria contínua para a da gestão contínua que vem da base exige uma adaptação completa tanto das agendas quanto das atitudes dos líderes em suas rotinas diárias. Assim, o líder do futuro, que além de líder também é *coach*, acumula quatro funções a mais do que seus antecessores (Figura 3.11).

Líder-cultivador: o líder de *start-up* usa o *coaching* para desenvolver as competências técnicas do futuro e as competências humanas necessárias para a inteligência relacional. Ele dá autonomia às equipes para que explorem todo o seu potencial e floresçam. Isso requer uma mentalidade que consiste em encorajar todos na linha de frente a *testar e aprender* e em defender o direito ao erro. Isso também envolve uma postura de curiosidade e apoio durante as interações com as equipes no dia a dia. Tal qual um *coach*, ele usa o *feedback* construtivo em suas contribuições frequentes a cada pessoa que observa durante suas visitas de campo. Para isso, ele dedica um tempo específico a essa atividade de observação ativa de cada membro de suas equipes, realizada individualmente ou em suas interações em grupo. De forma mais geral, ele dedica até 30% do seu tempo à linha de frente. Para poder dar *feedbacks* e conselhos relevantes às equipes, ele busca treinamento para si mesmo nas novas tecnologias.

Líder-desafiador: o líder de *start-up* descompartimentaliza funções, impulsiona o desempenho pensando "globalmente", mas agindo no "localmente". Ele garante que as avaliações de desempenho frequentes ocorram entre diferentes profissões e funções da cadeia de valor, participa ativamente delas e desafia todos a buscar uma solução que os favoreça. Em particular, ele garante a distribuição fluida de dados por todo o sistema para que cada departamento se beneficie ao máximo, seja de dados internos, seja de dados relativos a clientes e parceiros. Ele adota uma posição de direcionador para facilitar o empreendedorismo e a transparência entre funções, de modo que elas possam construir juntas as melhores soluções.

Líder-acelerador: o líder da *start-up* estrutura e acompanha a resolução de problemas e está diretamente envolvido no processo de pesquisa das causas profundas e na implementação de melhorias no sistema. Ele garante que as decisões sejam baseadas em fatos sustentados por dados robustos. Ele assume uma postura exigente quanto ao método de resolução de problemas e à rapidez de execução das ações. No dia a dia, ele trabalha para garantir que a capacidade de resposta seja máxima, buscando evitar que nenhuma decisão fique pendente e bloqueada no sistema de *feedback* de desempenho. Em outras palavras, isso requer extraordinária perseverança e energia constante para combater as fontes de inércia.

Líder-fazedor: mais do que nunca, o líder de *start-up* deve dar sentido às iniciativas locais, evidenciando seu aspecto global. É inegável que o mundo digital é um poderoso vetor para o desenvolvimento de iniciativas que partem da base e permitem que todos evoluam. Ao mesmo tempo, o risco de divergência da estratégia geral se torna mais forte. Não basta só o *storymaking*. O líder deve provar em seu comportamento diário que entende como sua visão se conecta com o que recebe de volta da linha de frente e como isso ajuda o conjunto a convergir. Mais concretamente, isso exige uma observação regular do comportamento coletivo para garantir que os valores da empresa se traduzam corretamente no dia a dia das equipes. Além disso, o programa de transformação deve ser descrito de forma contínua e sistêmica para as equipes em

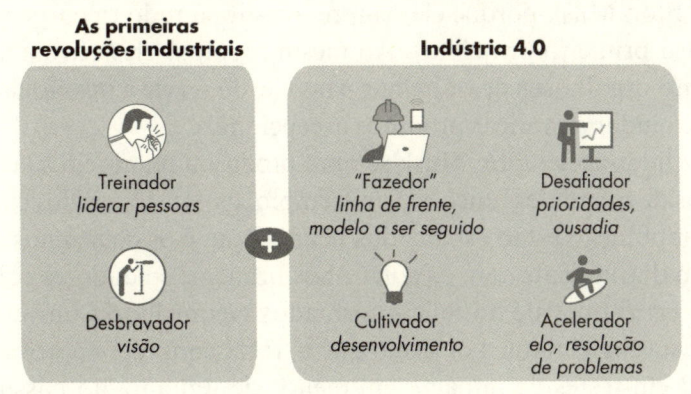

Figura 3.11 As novas atitudes da liderança de *start-up*.
Fonte: Opeo.

quatro aspectos indissociáveis: estratégia, tecnologia, RSC e pessoas. Em seu comportamento em campo, o líder-fazedor adota uma postura de abertura e pedagogia. Ele tem uma postura exemplar, apoiando iniciativas locais, sem abrir mão de seus valores e se mantendo resiliente ao longo de seu projeto.

O que a Tesla nos ensina

Elon Musk se distingue dos demais por ser um híbrido perfeito entre o Velho e o Novo Mundo. Líder e *coach* visionário, ele mantém o foco durante as crises, não importa o que aconteça. Isso tranquiliza as equipes e os investidores, mesmo que seus projetos frequentemente estejam por um fio. Os prazos que ele anuncia raramente são cumpridos: ele prioriza energia e movimento em vez de precisão no *timing*. Ele está sempre motivando todos a serem mais ambiciosos.

Elon Musk é muito bom em desafiar as pessoas. Ele acredita que "não" nunca é uma resposta aceitável e demonstra uma perseverança extraordinária ao exigir um nível alto de resultados em termos de funcionalidades do produto e experiência do cliente, até nos mínimos detalhes. É graças a esse nível de exigência excepcional que os produtos da Tesla se diferenciam dos demais.

Líder-visionário, ele equilibra seus altos padrões com a capacidade de inspirar equipes. A maioria da equipe da Tesla diz que é difícil trabalhar com Elon Musk porque ele sempre questiona tudo (incorporando seu famoso primeiro princípio). Ao mesmo tempo, eles afirmam que estão muito orgulhosos de trabalhar para ele, de servir à missão da empresa e de ajudar a fabricar produtos excepcionais.

Como líder-acelerador, Musk sempre procurou reunir em sua equipe pessoas de diferentes funções. Por exemplo, os escritórios dos cientistas da computação estão espalhados pela oficina e os colarinhos azuis trabalham diariamente com os colarinhos brancos: soldadores colaboram com *nerds* do Vale do Silício formados nas melhores universidades dos Estados Unidos. Foi assim que a Tesla conseguiu aprovar seu Modelo 3 em testes de impacto em menos de um ano, ao passo que outros fabricantes levaram até quatro anos. Essa capacidade de redução de prazos é, ainda, reforçada pelo estilo pessoal de Elon Musk e suas referências constantes ao primeiro princípio, que o incentiva a sempre desafiar o *status quo*, as restrições e os prazos geralmente aceitos como padrão no setor automotivo.

Líder-fazedor e cultivador, ele promove uma postura horizontal. Ele próprio circula nas instalações, seja na fábrica ou no departamento de engenharia, e privilegia o contato direto com as equipes para desafiá-las diariamente. Sua equipe de gestão direta também é encorajada a agir horizontalmente. Von Holzhausen, engenheiro-chefe da Tesla, conta como Musk pediu a ele que mobiliasse seu próprio escritório indo à Ikea "como todo mundo". Muitos funcionários relataram ter cruzado caminho com Musk regularmente pela oficina de produção onde ele tem um escritório. Ele mesmo conta ter passado três meses inteiros na companhia das equipes para entender e resolver problemas.

Depoimento da ThyssenKrupp Presta France

"Uma pepita de liderança de *start-up* escondida no antro da velha indústria"

A ThyssenKrupp Presta France é uma fábrica ultramoderna no coração de uma paisagem de altos-fornos e chaminés de coqueria. É um dos líderes mundiais no setor de colunas de direção e cremalheiras, dona de uma reputação de qualidade, sendo fornecedora das marcas mais prestigiadas da Europa e de todo o mundo. Divisão da ThyssenKrupp Steering, responsável por equipar um em cada quatro automóveis no mundo, a ThyssenKrupp Presta France tem uma bela história de sucesso, pouco conhecida pelo público geral. Localizada em uma região que está regularmente nas manchetes por causa das greves e dos protestos em seu famoso vizinho fabricante de aço, a usina é uma bela demonstração da infindável resiliência dos modelos industriais quando abordados com uma lógica de pragmatismo e de longo prazo. A instalação passou por muitas mudanças desde seu negócio inicial, estampagem a frio, até sua vocação atual, a fabricação de colunas e cremalheiras em altíssima velocidade em linhas ultramodernas, cada vez mais automatizadas e distribuídas em três fábricas diferentes. Ela conta agora com mais de 1.200 empregados e tem um faturamento superior a 600 milhões de euros. A instalação é frequentemente citada internamente como referência para todo o grupo devido à sua eficiência e robustez operacional.

Um plano de transformação voltado para os estilos de liderança

Nicolas Jacques, diretor da fábrica Norte, chegou à empresa em 2004. Ele dá seu depoimento acompanhado de Mathieu Fiacre, um de seus supervisores de linha, e Sandrine Trognon, operadora de produção. Jacques vai direto ao ponto: para ele, a maior conquista de um líder é ser desafiado por sua própria equipe. Um exemplo seria quando alguém oferece uma solução diferente daquela que ele naturalmente teria pensado ser melhor. Trognon e Fiacre compartilham essa opinião, relatando conquistas da equipe. Nas palavras de Fiacre: "Lembro-me do nosso recorde na linha 1086, quando estávamos todos sintonizados".

Jacques relembra a gênese do projeto: "Temos uma dinâmica de questionamento constante e já começamos a implementar um plano de transição para a indústria do futuro. Há três anos, nos demos conta que os principais gerentes de fabricação viviam o tempo todo apagando incêndios, tinham uma relação difícil com outros departamentos e não estavam promovendo uma melhoria contínua de maneira suficiente. Nós nos convencemos de que isso seria um obstáculo para a continuidade do nosso sistema no longo prazo. Inicialmente, pensamos que o problema era puramente comportamental. Então, fizemos um diagnóstico e descobrimos que o comportamento certamente poderia ser melhorado e adaptado, mas que o próprio sistema precisava mudar para que todos tivessem sucesso. Por isso lançamos a iniciativa CIBLE ("alvo") para alinhar as práticas dos líderes, fortalecê-los em seu papel de gestores e permitir que tenham uma visão mais ampla". Para a empresa, que pretende tornar-se a instalação de referência em fabricação de colunas de direção no mundo em 2020, o desafio é grande. As metas de melhoria são ambiciosas: reduzir a não qualidade em 50% e melhorar a produtividade em 5%. Isso se traduz em objetivos muito concretos na atividade cotidiana de Fiacre e Trognon. Segundo Fiacre: "O objetivo da CIBLE é lidar com os problemas do dia a dia mais rapidamente, focando nos mínimos detalhes para potencializar o desempenho da máquina, capturar tudo o que está oculto". Trognon, por sua vez, fala de um objetivo colaborativo entre as equipes: "A CIBLE, para mim, visa, antes de tudo, a interpretar melhor o que aconteceu em nossa equipe e também nas outras equipes, entender se é recorrente, e desenvolver um sentimento de solidariedade entre nós. Isso possibilita que trabalhemos de forma alinhada".

A liderança de *start-up*: uma mudança concreta no comportamento e no sistema de gestão

Segundo Jacques, o principal impacto do projeto é o aumento do rigor das equipes, acompanhado de uma mudança concreta de comportamento. "Inicialmente, nos esforçamos para transpor nossos valores para os comportamentos observáveis no dia a dia. Por exemplo, o valor de 'agir como um' significa ser pontual para os rituais de desempenho para ser respeitoso com a equipe e ouvir ativamente todos os interlocutores durante uma revisão de campo. Hoje, quando passo pelas linhas, minha maior satisfação é ver que todos os rituais são realizados com rigor e possibilitam a resolução de problemas concretos". Além disso, Jacques observa que cada vez mais os líderes são muito mais donos de si: "eles respondem pelo seu setor ao chefe e se mostram autônomos nas decisões sobre planos de ação com as funções de apoio, e até mesmo com o exterior da empresa". Essa mudança de comportamento foi possibilitada por uma evolução do sistema de gestão, que passou a ser horizontal: "Aplicamos o método de gestão em cascata e revisamos toda a organização, especialmente a relação com as funções de suporte, como a manutenção", continua. "Agora, os operadores se sentem parte da equipe que resolve os problemas, criamos fóruns em que eles podem se expressar; a mudança de comportamento dos líderes tem um impacto positivo em sua vontade de empreender". Trognon se diz muito mais envolvida do que antes: "Temos as respostas para os pequenos porquês do dia a dia, como, por exemplo, por que a máquina não está funcionando, onde estão as equipes de manutenção, o que vão fazer em seguida, tudo isso faz com que você fique menos nervoso". Ela também fala sobre uma mudança no engajamento dos líderes: "Quando os superiores estão envolvidos, tudo se resolve muito mais rápido". Fiacre concorda com a ampliação da colaboração e do compartilhamento entre funções: "Hoje, se temos um problema, podemos visualizá-lo e compartilhá-lo entre nós. Antes, tudo acontecia muito mais devagar". Segundo ele, o impacto é, antes de mais nada, mensurável por meio dos indicadores básicos de sua célula de produção: "Estamos melhorando a qualidade, os prazos e, acima de tudo, a segurança".

O líder do futuro tem uma gestão multifacetada, e não necessariamente uma liderança de tropa

Para Jacques, no contexto da Quarta Revolução Industrial, é extremamente importante que um líder saiba para onde está levando suas equipes. "O líder-

-executor age tanto como um líder do exército, que se coloca à frente para antecipar e proteger as tropas, quanto um líder que transmite uma visão que garante que as ações cotidianas tenham significado". Segundo ele, a principal qualidade para se tornar um líder é a empatia. "Se colocar no lugar do outro permite antecipar o que vai acontecer na maioria dos casos". Fiacre concorda: "Entendemos melhor por que nos pedem as coisas. Por exemplo, antes, os líderes não conseguiam encontrar voluntários para horas extras porque não explicavam direito por que a empresa precisava deles. Agora é muito mais fácil". De maneira mais geral, Fiacre e Trognon observam que os principais líderes da empresa se esforçam para serem exemplares e comunicarem uma visão clara de médio prazo: "Os patrões nos explicam todos os anos o que vai acontecer, os futuros clientes para quem vamos trabalhar, as futuras linhas que serão construídas..." Contudo, para que essa visão se traduza em resultados concretos, o líder também deve ser capaz de transmitir energia para o sistema. Jacques fala, com ironia, que qualquer um que tem de se virar por conta própria está propenso a procrastinar: "Nós, seres humanos, temos a tendência de não querer restrições. Uma equipe sem um líder para acelerar as coisas e motivar a todos gera um desempenho bom, mas não excelente. São poucas equipes que realmente têm a capacidade de trabalhar de forma independente sem serem instigadas". Para Fiacre, esse líder-acelerador é, acima de tudo, aquele que ajuda a resolver problemas mais rapidamente: "Ele deve conseguir identificar as prioridades rapidamente e superar os problemas mais importantes para que possamos descobrir como ultrapassar os obstáculos". Trognon tem algumas ideias sobre o que deve ocorrer a longo prazo. Para ela, a noção de aceleração que é evocada para os modos de liderança é apenas um reflexo natural da mudança constante das atividades que se vive há 20 anos: "Antes, costumávamos simplesmente montar peças na linha de produção; agora tudo é feito muito mais rápido. O trabalho mudou muito, é muito mais interessante, e, enquanto eu ainda tiver coisas para aprender, o trabalho será gratificante". Contudo, é, antes de mais nada, uma questão de estado de espírito: "Sempre digo que estou pronta para ir. Para ter sucesso, é preciso aceitar a mudança, e isso vale também para os chefes".

Há menos consenso entre os membros da equipe sobre o desenvolvimento das pessoas. Fiacre considera que a empresa está fazendo muito para preparar as competências do futuro, muito mais do que a maioria das empresas. "Temos o programa de treinamento ADAPT, que é muito bom e propõe simulações de situações reais para nos auxiliar a reagir às mudanças que virão, o que representa um investimento considerável para a empresa". O líder-cultivador é aquele que ajuda a equipe a estar em constante processo de avaliação e aceitar a mudança. Trognon concorda plenamente, mas, para ela, a principal mudança nos próximos anos é a chegada de novas gerações, que não entendem o trabalho da mesma forma. Para Jacques, dedicar-se às equipes é uma obrigação incontornável: "20% de meu tempo é dedicado ao desenvolvimento de minhas equipes, aos *feedbacks*, mas isso provavelmente não é suficiente". Ele tem uma forma diferente de encarar o papel do líder na fábrica do futuro: "Considero que, com o tempo, deixarei de ser indispensável no sistema; meu papel é desenvolver os outros". Ao mesmo tempo, Jacques lamenta que a equipe de gestão da instalação, de maneira geral, ainda não tenha se envolvido completamente nesse sentido, nem em termos de tempo gasto, nem em termos de metodologia: "Isso envolve muita escuta, e ainda não chegamos lá". De um modo geral, para Jacques, o modelo do grande líder atingiu seu prazo de validade. Isso porque a fábrica do futuro será muito mais automatizada, e, antes de tudo, precisaremos de especialistas e líderes que saibam ouvir, se adaptar, ter uma visão ampla e ajudar as equipes a tomar as decisões certas.

Portanto, o líder do futuro será, em primeiro lugar, um "desafiador". Segundo Jacques, "Sua função é abrir os chacras". Para chegar lá, muitas vezes é necessário romper alguns silos, mas também mudar a mentalidade. "Alguns atuam como facilitadores apenas dentro de sua equipe. Acredito que o líder do futuro deve ter uma visão global e sempre tomar a melhor decisão para o conjunto da empresa, sendo um facilitador do início ao fim". Fiacre acrescenta: "Tive um excelente líder, que soube trabalhar com todas as funções de apoio, com o mundo fora da empresa e com sua hierarquia para promover avanços". Para Trognon, o facilitador é, acima de tudo, o gerente direto. É ele quem deve assumir os problemas da equipe para ajudar a encontrar o denominador comum pensando no progresso da empresa. Jacques encerra a discussão contando uma de suas maiores satisfações sobre o projeto: "Nós lidamos com problemas exatamente onde eles devem ser tratados, discutimos problemas no nível certo". Para isso, é preciso abrir mão de parte da responsabilidade para delegá-la às suas equipes: "É o fim do líder autoritário. Precisamos de gerentes que tenham responsabilidades, mas que não exerçam seu poder; o poder está obsoleto".

Quando questionados sobre o futuro da indústria, os três se mostram otimistas. Trognon acompanhou tantas mudanças que ela acredita que, nas palavras dela, "continuaremos nos adaptando". Para Fiacre, em 20 anos haverá telas em todos os lugares, mas, sobretudo, haverá homens para pensar: "Os robôs que pensam somos nós". Jacques fala sobre fábricas mais planas em termos de organização, reforçadas por habilidades técnicas, com mão de obra menos intensiva e nas quais seu próprio papel pode, portanto, não fazer mais sentido: "Haverá muito menos gerentes; grandes tropas não farão mais sentido. Sim, eu sei, estou falando do meu trabalho. Terei outras coisas para fazer, não me preocupo com isso".

Liderança de *start-up*
10 perguntas que um líder deve fazer a si mesmo

- Invisto tempo suficiente em treinamento em tecnologia?
- Fiz algum treinamento recentemente?
- Dentro do meu perímetro de ação, os problemas são detectados com rapidez suficiente? Estamos usando tecnologia digital suficiente para acelerar o fluxo de informações?
- Estamos usando tecnologia digital suficiente para monitorar a fábrica visualmente, em tempo real, e em rituais de gestão?
- Estou estimulando suficientemente a ajuda mútua e a transparência no trabalho diário nas interfaces da organização?
- As equipes têm experiência em abordagens multidisciplinares de resolução de problemas?
- Estou promovendo suficientemente o uso de dados?
- Minhas equipes estão chegando à raiz dos problemas de maneira suficientemente rápida?
- Eu gasto mais de 20% do meu tempo em campo fornecendo observações e *feedback* construtivo? Nesses momentos, assumo o papel de *coach*?
- Os valores da empresa são facilmente transponíveis em comportamentos concretos? Dedico tempo para observar esses comportamentos?
- Executo alguns projetos específicos por conta própria para dar o exemplo e desafiar as equipes?

Princípio nº 7

Aprendizado humano e de máquina

Estar continuamente em formação e aprender em ciclos curtos para combinar a inteligência do ser humano e a da máquina no cotidiano.

É um equívoco pensar que a tecnologia melhora automaticamente. Ela só vai melhorar se muitas pessoas trabalharem duro para torná-la melhor.

Elon Musk

O que é aprendizado humano e de máquina?

Como vimos no capítulo anterior, a liderança de *start-up* é necessária para criar uma ruptura no sistema, incentivando a proatividade. A inteligência de um sistema industrial permanece sempre uma aventura coletiva, baseada na capacidade das pessoas de se desenvolverem, capitalizarem rapidamente e usarem as máquinas da melhor maneira possível para acelerar tudo que possa ser automatizado. O conceito de aprendizado humano e de máquina é uma síntese dessas questões (Figura 3.12). Em um ambiente que privilegia a inteligência artificial, a onipresença da máquina provoca transformações profundas na forma de trabalhar, no papel de cada indivíduo e nas competências necessárias para o sucesso. Assim como os produtos com *software* melhoram ao longo de seu ciclo de vida, os humanos devem aprender a estar sempre aprendendo. Isso porque seu papel de regulador está se tornando cada vez mais crucial na organização industrial para garantir a coerência geral. A consequência dessa nova abordagem para o desenvolvimento humano na empresa é também o direito ao erro, pois a agilidade é a maior prioridade, e a própria ação se torna fonte de aprendizado. Essa grande mudança exige uma ruptura completa com a mentalidade do antigo modelo. De acordo com um estudo da Dell e do Institute for the Future em 2017, 85% dos empregos de 2030 ainda não existem. Outra estatística surpreendente mostra que 74% das empresas industriais consideram que não estão equipadas ou estão pouco equipadas em termos de análise de dados, ainda que todas concordem com a importância vital dessa competência[1]. Vemos, então, que temos um grande desafio pela frente.

A cada revolução industrial, a relação do ser humano com o trabalho evolui

Os modos de trabalho estão mudando drasticamente de uma revolução industrial para outra. Com a introdução da mecanização no final

---
[1] PwC, *Global Industry 4.0 Survey*, 2016.

do século XVIII, as máquinas foram sendo gradualmente inseridas nas fábricas. Isso facilitou a realização de tarefas simples e trabalhosas, mas também foi gerando uma forma de alienação dos indivíduos, que se veem reféns do ritmo que as máquinas impõem ao trabalho. A Segunda Revolução Industrial deu origem ao taylorismo e, em particular, à especialização das tarefas. A produtividade aumentou de forma impressionante, mas o trabalho tornou-se cíclico e, portanto, muito mais repetitivo. A organização do trabalho é majoritariamente regida por engenheiros, que definem as listas de tarefas e os métodos de operação, ao passo que as equipes em campo são pagas para aplicá-los, muitas vezes trabalhando por peça. Em outras palavras, os esforços de melhoria da época tendiam a vir do topo para a base. Essa foi a grande era dos "supervisores", cuja função é garantir que uma massa muito significativa de indivíduos consiga cumprir as metas de produção todos os dias. Com a Terceira Revolução Industrial, a pirâmide começa a se inverter. O sistema dependia muito da habilidade dos técnicos de campo, que tinham de reagir rapidamente e estar sempre implementando melhorias no processo. O objetivo de cada funcionário deixou de ser apenas produzir e passou a ser também melhorar. A chegada da robotização e da computação industrial também possibilitou a automatização de algumas tarefas árduas e repetitivas, tanto na produção quanto em determinadas funções de suporte. Por fim, a polivalência é desenvolvida para auxiliar na adaptação às flutuações da demanda.

O aprendizado durante toda a vida

Na Indústria 4.0, a natureza exponencial do progresso desencadeia uma nova relação entre o indivíduo e seu trabalho. Isso traz muitas consequências práticas para os empregos e o desenvolvimento contínuo de competências no mundo industrial. É preciso realizar treinamentos constantemente para acompanhar esse ritmo exponencial e combinatório de progresso. Isso muda profundamente o sistema de gestão de pessoas e seu *know-how*: o sistema de formação acadêmica muitas vezes falha em relação às necessidades do mercado, que estão mudando rápido demais para que os cursos consigam se adaptar a elas. Assim, a maioria das empresas que são referência da indústria do futuro tem seu próprio *techlab*, no qual as equipes têm a oportunidade de se familiarizar com as novas tecnologias e receber o treinamento adequado para cada uma delas. No treinamento contínuo, a aprendizagem presencial tradicional em forma de aula também se torna insuficiente para dar conta de todo o *know-how* que precisa ser adquirido. O digital é um acelerador de percursos de formação, pois permite, por meio de ferramentas remotas, como *e-learning* ou MOOC, acessar conteúdos oferecidos pelos melhores especialistas e realizar mais rapidamente o treinamento em práticas básicas e procedimentos operacionais graças ao vídeo e à realidade virtual.

Essa nova forma de aprendizagem também deve ser acompanhada por novas formas de avaliação da equipe. Os critérios de avaliação individual, baseados em objetivos de desempenho, são complementados ou substituídos por sistemas de avaliação baseados em competências. Por fim, para além dessas novas competências, surgem novas profissões, muitas vezes resultantes de uma hibridização entre profissões tradicionais e profissões do mundo digital ou da robótica industrial. Para dar um exemplo muito concreto, nas fábricas em que o sistema de processamento de produtos é altamente automatizado, a logística interna está sendo cada vez mais gerida por máquinas inteligentes ligadas diretamente ao sistema de planejamento da produção, que estão, de certa forma, "alinhados" com o processo. Transelevadores em depósitos logísticos, AGVs que transportam produtos do depósito para as oficinas, esteiras transportadoras automatizadas para deslocar os produtos na linha de produção, paleteiras localizadas embaixo das máquinas para automatizar o carregamento e economizar tempo... A produção e a logística são funções que estão se hibridizando: ex-funcionários do depósito ou motoristas de empilhadeiras tornam-se controladores de equipamentos. A competência buscada não é mais a destreza de condução, mas a capacidade de entender o planejamento industrial, gerenciar o fluxo, solucionar problemas de automatização e dialogar com o fornecedor de solução tecnológica. O papel logístico torna-se um híbrido de planejamento, manutenção e computação industrial.

Um ótimo lugar para aprender

Essa mudança nas profissões, que em princípio gera muito entusiasmo, é acompanhada também por dificuldades, em especial na captação de talentos cada vez mais especializados — e, portanto, raros — em tecnologias de ponta. Normalmente, ou a empresa está em uma área dinâmica e a concorrência é acirrada com outros agentes — principalmente aqueles que não estão no setor industrial —, ou então ela não está e, nesse caso, não tem os talentos necessários em certas competências. Para ter sucesso nesse contexto, portanto, é essencial estar bem acompanhado, contando com instituições locais — que serão decisivas para encontrar os parceiros certos e obter suporte no desenvolvimento de competências —, ou com ecossistema composto de parceiros, clientes e colegas do mesmo setor — que serão fundamentais para o desenvolvimento de soluções inovadoras para o futuro, reunindo recursos raros. Do ponto de vista da equipe, é essencial fazer com que as pessoas se sintam seguras em mostrar iniciativa em um mundo que pode ser intimidador. O trabalho está se tornando cada vez mais "líquido": com a volatilidade dos mercados e das competências, a tentação é trabalhar apenas "por encomenda", em um mundo do "sob medida", e, portanto, construir sistemas ultraflexíveis, sendo a variável de ajustamento a capacidade de tempo e de competências das equipes industriais. Desse modo, a prática do chamado diálogo social "expandido" torna-se uma necessidade e um verdadeiro fator-chave para o sucesso. Essa nova forma de conceber o vínculo social transcende o âmbito da empresa, pois busca a harmonização e modos de funcionamento favoráveis a todos no nível do ecossistema como um todo, ou do setor industrial em questão. Muitas inciativas vêm sendo desenvolvidas para coletivizar esse risco de volatilidade do mercado. Isso inclui programas de aprendizagem multiempresa; acordos de tempo de trabalho compartilhado entre duas empresas com sazonalidade de mercado anticíclica; acesso a centros de competências ou laboratórios de tecnologia; e acordos de responsabilidade social corporativa compartilhados por todo um setor. Hoje em dia, métodos de trabalho não são discutidos apenas dentro de um ramo profissional. O sistema é descentralizado e organizado de forma ágil, de acordo com regiões, setores e profissões. Para além desse diálogo social expandido, as empresas que são referência em indústria do futuro têm em comum uma reflexão real sobre o lugar do indivíduo no sistema, a começar pela organização do espaço de trabalho, que é, sem dúvida, o elemento mais concreto no dia a dia das equipes: áreas de relaxamento particularmente cuidadas, momentos de descontração extraprofissionais (eventos de convívio "*afterwork*", atividades esportivas, etc.), serviços de alimentação de qualidade, entre outros. Da mesma forma, os espaços de trabalho compartilhados são pensados como ambientes de convivência, nos quais a luz, a ausência de ruídos externos e a circulação de pessoas são elementos fundamentais.

Aprendizado de máquina: hibridização com as máquinas

Os dispositivos "conectados" inundam o cotidiano dos indivíduos e das fábricas. Como o emblemático *smartphone*, onipresente em nossas vidas, o operador de campo está equipado com muitos sistemas ou máquinas, mais ou menos ágeis e móveis, que o acompanham em seu trabalho diário para melhor treinar, antecipar, planejar e executar sem se cansar, bem como para melhorar a fabricação, as tarefas de manutenção e a logística. Alguns exemplos desses sistemas ou máquinas são os seguintes: a realidade virtual possibilita um treinamento mais rápido em um ambiente "*off-line* e sem riscos"; a realidade aumentada permite antecipar os movimentos das máquinas em programas avançados; as interfaces de planejamento avançado permitem realizar um planejamento que esteja o mais próximo possível da realidade em campo, integrando todas as restrições de produção para oferecer respostas ágeis ao cliente; robôs e exoesqueletos inteligentes permitem automatizar tarefas dolorosas ou repetitivas na fabricação ou na logística; a impressão 3D reduz o número de fases de fabricação e, portanto, acelera o processo sem esforços adicionais. Por fim, métodos de análise de dados de última geração tornam todo o sistema "autodidata", conectando milhares de valores de parâmetros a um determinado resultado e buscando constantemente o funcionamento ideal do sistema. Aprender a trabalhar de forma diferente, utilizando todas essas ferramentas, é um grande desafio para os próximos anos. Aqueles que o conseguirem, explorando melhor os dados e fazendo com que seus sistemas se tornem autodidatas, terão vantagem sobre os demais. As máquinas e as pessoas não competem nos mesmos campos de excelência. As máquinas sempre serão melhores do que os humanos no cálculo ou na execução de tarefas repetitivas. Os seres humanos têm capacidades muito mais avançadas de empatia, criatividade, resolução de problemas complexos de múltiplos agentes ou de fazer uso mais profundo de seus sentidos. É, portanto, a complementaridade entre as duas formas de excelência que torna o sistema ideal.

Testar e aprender: uma mentalidade para aprender e capitalizar coletivamente

Por fim, são os modos de trabalho em equipe e os modos de reação que são particularmente impactados pelos novos desafios e, em especial, pela economia de funcionalidade. O cliente final espera, mais do que a posse de bens estatutários, novidades constantes que facilitem sua vida. Assim, a velocidade de comercialização torna-se ainda mais importante do que nos dias do *certo na primeira vez*. A filosofia dos nativos digitais é que o cliente é o melhor agente a ser envolvido no processo de desenvolvimento para garantir produtos que atendam perfeitamente às suas expectativas. Abordagens modernas como o *design thinking* são inteiramente baseadas nesse princípio de empatia com o usuário final, sem tomar decisões no lugar dele, mas o consultando da forma mais direta possível. Contudo, o que é fácil no mundo digital puro, ou seja, lançar muito rapidamente uma versão beta e melhorá-la com o passar do tempo, não é tão fácil no desenvolvimento de produtos físicos. Para atender a essa dupla necessidade de velocidade de comercialização e adaptação às expectativas exatas do cliente, o método *testar e aprender* está gradualmente invadindo a indústria por duas portas diferentes. A primeira é a da inovação do produto, na qual as equipes experimentam métodos de trabalho diferentes, ágeis, com a ambição de lançar o mais rapidamente possível um protótipo e uma série "0", que possa ser melhorada em conjunto com o cliente final. A segunda porta é a das fábricas, em que as equipes, acostumadas à melhoria contínua com métodos como o *kaizen*, descobrem uma abordagem da mesma família, o *testar e aprender*. O *testar e aprender* também é baseado em melhorias passo a passo, mas com um círculo mais amplo de participantes, porque é quase impossível testar qualquer coisa no Novo Mundo sem incluir alguém do departamento de TI e métodos no processo. A grande vantagem do *testar e aprender* é que ele permite que as equipes de campo sejam responsáveis pelo lançamento de novas iniciativas. Assim, cada célula pode realizar um teste de uma solução inovadora se assim o desejar e se considerá-la útil. O risco, por outro lado, é uma divergência do sistema, em que cada um lançaria uma pequena inovação "no seu canto". Por isso são necessários uma coordenação e um direcionamento de todas essas inovações por uma função que assuma o papel de arquiteto da transformação, como mencionamos no capítulo sobre a liderança de *start-up*.

Aprendizado de máquina: usar a inteligência artificial como alavanca

Ótimo local para aprender: ambiente de laboratório, convívio

Aprendizagem individual: aprendizagem contínua

Aprendizagem em grupo: modo de *testar e aprender*

Figura 3.12 Aprendizado humano e de máquina, o centro do reator.
Fonte: Opeo.

O que a Tesla nos ensina

Não é fácil encontrar financiamento para entrar no mercado automotivo, um mercado maduro e já saturado, com fama de baixo desempenho financeiro. Para ultrapassar essa dificuldade em um ambiente que exige investimento muito regular em P&D para a criação de novos modelos,

Elon Musk aposta na atratividade da empresa para detectar talentos e recrutar equipes particularmente motivadas, que trabalharão duro em um projeto inspirador e realizarão treinamentos contínuos para ultrapassar a concorrência. Segundo ele, isso possibilita a internalização de inovações que, com outros fabricantes, são na maioria das vezes realizadas por grandes fornecedores. Para atrair esses talentos, Elon Musk aposta em seu *storymaking*, na contribuição que cada indivíduo traz para uma causa mais ampla e significativa, e nas "vantagens" da vida profissional. Assim, 75% do *site* de recrutamento da Gigafactory, que produz as baterias da Tesla, são dedicados à motivação do projeto, à sua localização e às possíveis atividades para um jovem ou uma família que se instale na região. Nesse mesmo ponto de vista, os espaços de convivência das fábricas da Tesla são projetados para ser experimentados como "laboratório", e não como fábrica. Paredes e pisos pintados de branco, plantas verdes, espaços de refeitório particularmente arrumados, espaços de convivência compartilhados entre todas as funções e níveis hierárquicos, espaços abertos na oficina de fabricação, telas digitais gigantes por todos os lados, serviços de *food truck* e áreas externas aconchegantes... Tudo é pensado para criar a sensação de um "ótimo lugar para aprender".

A relação humano-máquina está profundamente enraizada no DNA da Tesla, que é, antes de tudo, uma empresa de *software* que fabrica veículos. Desse modo, nas linhas mais recentes, tem sido feito um esforço particular para substituir as operações manuais por operações robóticas ou para facilitar o trabalho humano na produção graças às máquinas. Ainda nesse sentido, na parte de P&D, 100% do potencial das ferramentas de simulação digital são aproveitados para economizar tempo de desenvolvimento, especialmente em simulações de testes de impacto ou nas fases de prototipagem rápida. O digital está a serviço do indivíduo para complementar seu *know-how*.

Por fim, no quesito aprendizado, Elon Musk incentiva suas equipes a aplicar o *testar e aprender* constantemente, independentemente dos obstáculos, e fazendo tudo o que for possível para acelerar os ciclos de inovação. Ashlee Vance relata a resposta de Musk a um jovem engenheiro que, após consultar três fornecedores, ofereceu uma solução de nove meses e 120 mil dólares para desenvolver uma câmara de ar na SpaceX:

"É uma simples porta de metal, você tem 5 mil dólares e três meses". Segundo o jornalista, o jovem engenheiro teria acabado por encontrar uma solução por 900 dólares e em dois meses. Mais recentemente, Elon Musk mostrou novamente como a velocidade de aprendizado permanece em primeiro lugar em comparação com os outros princípios que orientam seu pensamento. Apesar de uma estratégia inicial que consistia em automatizar ao extremo a linha de montagem do Modelo 3 para aumentar rapidamente a produção e reduzir drasticamente o *takt time* (intervalo de tempo entre dois veículos saindo da linha) "habitual" do setor automotivo, Musk voltou atrás depois de alguns meses, pois sentiu que a linha não era suficientemente confiável e viu que suas equipes não conseguiam acompanhar o ritmo de 2.500 veículos por semana que ele havia determinado para o mês de maio de 2018. Em vez de insistir nisso, ele decidiu implementar operações mais manuais. O que é impressionante nessa mudança é a velocidade com que ela ocorreu — três semanas ao todo, ao passo que a maioria dos fabricantes provavelmente levaria meses para reagir — e o nível de envolvimento pessoal que Musk tinha antes da decisão: suas equipes dizem que por três meses ele passou dia e noite na oficina de produção analisando os problemas em campo. Isso ajudou a motivar a todos e fazer com que estivessem alinhados em relação à decisão a ser tomada. No mês seguinte, Elon Musk chegou ao ponto de criar uma terceira linha sob uma "tenda" e eliminar 300 dos 5.000 pontos de soldagem de carroceria, apesar de a produção em série ter sido lançada havia vários meses. No final do mês, ele atingiu sua meta de 5.000 veículos por semana[2]. Nenhum outro fabricante jamais teria tentado isso porque o paradigma do setor automotivo promove a estabilidade como um princípio básico, ao passo que, para Elon Musk, a aceitação dos riscos, a capacidade de resposta e a velocidade de aprendizado estão em primeiro lugar, sem nenhum outro dogma. Os críticos não o pouparam durante todo esse período, o que é compreensível. Contudo, muitos se enganaram sobre a verdadeira lição a ser tirada desse episódio: não se trata de saber se quem ganhou foi a manufatura enxuta, que foca mais no trabalho do ser humano, ou a hipermanufa-

---

[2] "Inside Tesla's Audacious Push to reinvent the Way Cars are Made", *NY Times*, 30 de junho de 2018.

tura, que aposta na automatização³. O que temos de entender é que, no Novo Mundo, o real valor é aprender: permitir-se pensar fora da caixa, ser pragmático e capitalizar o mais rápido possível.

Depoimento da Bosch

"Um projeto 4.0 voltado para pessoas e aprendizagem"

A instalação da Bosch na cidade francesa de Rodez faz parte da divisão de serviços de mobilidade do famoso fornecedor automotivo. Especializada na fabricação de injetores para motores a diesel, a instalação, que emprega cerca de 1.600 pessoas, está passando por grandes mudanças com o objetivo de construir um projeto para o futuro. Grégory Brouillet, que comanda o desenvolvimento de soluções digitais da instalação, explica como o programa "Indústria 4.0", que o grupo iniciou, ajudará nas transformações que estão por vir. Brouillet, que tem uma bagagem técnica, se destaca por ter entrado na empresa muito jovem e ter continuado a realizar treinamentos ao longo da sua carreira. Entusiasta de novos desafios, foi bastante natural para ele assumir, em 2014, o papel de promotor da "manutenção 4.0" em seu setor. Em um grupo bastante maduro em relação a questões tecnológicas, Grégory compartilha a seguir sua visão do "pessoas e aprendizagem", um dos fatores-chave do sucesso da abordagem.

Uma visão restrita do retorno sobre o investimento não teria chance de sucesso

"Nosso foco é no ser humano. Queremos simplificar a vida de nossas equipes". É com essa afirmação, que pode soar surpreendente para alguns, que Grégory inicia a discussão sobre os objetivos do projeto "4.0" de manutenção da instalação. É claro que o objetivo da gestão continua sendo melhorar a eficiência e, em particular, a eficiência global do equipamento (OEE, do inglês *overall equipment efficiency*). Contudo, isso seria impossível de ser atingido se a abordagem não fosse centrada nas pessoas. De acordo com Grégory, a chave para começar o processo é um choque cultural que vem do topo. "Nosso CEO acredita muito no projeto,

---

[3] Ver o artigo de Jeffrey Liker, "Tesla vs. TPS: Seeking the Soul in the New Machine", *The Lean Post*, 2 de março de 2018.

mas, mais importante do que isso, ele vem impulsionando uma dinâmica de mudança que não é alimentada apenas por uma lógica financeira de um rápido retorno sobre o investimento". Localmente, a grande questão, além do desempenho e das condições de trabalho, também é manter a reputação da instalação em relação ao resto do grupo. Grégory explica que uma de suas maiores satisfações é receber solicitações de colegas de outras instalações, às vezes maiores, interessados nas soluções desenvolvidas ou testadas em Rodez.

Uma palavra de ordem muito simples da parte do CEO: "treinamento, treinamento, treinamento"

A comunicação e o treinamento foram cruciais para o lançamento da iniciativa. Leva tempo, mas é necessário. Grégory destaca um dos medos clássicos associados à Indústria 4.0, que é a substituição de humanos por robôs: "Sempre estive convencido de que era uma situação favorável a todos. Temos 71 robôs, o que ajudou a manter a atividade, e não a acabar com ela. No entanto, você tem de conseguir explicar isso de uma forma que a linha de frente considere plausível". A comunicação em si também não é suficiente. O lema do CEO da Bosch é "treinamento, treinamento, treinamento", e o piloto do projeto 4.0 local passa o tempo treinando todas as 1.600 pessoas da instalação. Todos estão em plena reflexão sobre as mudanças, ainda mais tendo em vista o plano de desenvolver uma linha de minimontagem 4.0, voltada especificamente para o treinamento de procedimento operacionais do futuro.

O *testar e aprender*: uma lógica disruptiva

O treinamento é necessário para compreender as novas tecnologias e facilitar sua implementação, que pode ser desafiadora, já que é extremamente diferente do que se fazia no passado. A ideia é usar o *testar e aprender*, um método que vem do mundo digital e consiste em criar ciclos muito curtos para acelerar o processo de iteração, sem esperar por uma solução perfeita. Isso requer uma mentalidade especial, pois é necessário aceitar a possibilidade de fracasso e a imperfeição das soluções. "O método *testar e aprender* não é tão fácil com técnicos acostumados a fazer coisas grandes, que são caras e duram muito tempo", continua Grégory.

Integração do usuário por meio do *design thinking*

Para compensar essa dificuldade, uma das chaves é integrar o usuário final das soluções no projeto desde as fases iniciais. Assim, Grégory explica que as pessoas às vezes ficam "fora" da linha de produção por várias semanas para fazerem uma imersão com a equipe do projeto. "Eles estão lá para falar em nome do cliente final, o que torna tudo mais relevante e faz com que você possa iterar muito rapidamente e perder muito menos tempo". O objetivo é fazer com que toda a instalação empatize com o usuário final, uma ideia-chave na metodologia do *design thinking*. "Mas ainda não chegamos lá", admite Grégory, que acredita que muito ainda pode ser feito para que as necessidades e ideias dos usuários sejam realmente incorporadas às soluções o mais rápido possível. A aceitação das novas ferramentas é, portanto, essencial.

Mais importantes do que as novas profissões são as mudanças muito rápidas nas profissões existentes

A revolução das profissões na fábrica? Grégory ainda não vê isso ocorrendo. Por outro lado, há uma mudança muito clara em cada uma das profissões, e isso requer apoio. O desafio é principalmente padronizar ao máximo as soluções oferecidas entre linhas de produção e profissões para que as pessoas possam se deslocar de um ambiente para outro sem atritos e, assim, ter mais agilidade. Consequentemente, é necessário limitar o número de conceitos desenvolvidos e canalizar adequadamente a inovação. "Ontem o operador estava apertando botões para controlar uma máquina, hoje ele tem uma tela sensível ao toque, um *tablet* ou um *smartphone* e, amanhã, provavelmente terá óculos de realidade aumentada. Isso vai levar um tempo para acontecer, ainda mais se não fizermos um esforço prévio de definição das soluções que serão testadas".

O projeto 4.0: uma forma de conquistar mercados e de se abrir mais para o mundo exterior

Além das questões de reputação, eficiência e condições de trabalho, o projeto também é uma oportunidade de a instalação fortalecer seus vínculos com seu ecossistema, em particular com o polo de competitividade local, o

"Vale Mecânico", e os setores automotivo e aeronáutico. A instalação é relativamente isolada: "Estamos a 200 km de qualquer lugar", explica Grégory. A ideia de abrir os programas de treinamento desenvolvidos internamente para outras empresas locais também está ganhando espaço. Em geral, a instalação é muito pragmática e se interessa por todas as ideias de serviços potenciais que surgem do processo, seja envolvendo treinamento ou venda de soluções desenvolvidas pelas equipes. Assim, a instalação surge como precursora nessa abordagem da hibridização entre indústria e o mundo dos serviços, uma grande oportunidade de encontrar fontes de crescimento. Grégory cita o exemplo de uma *start-up* de sucesso, a Mobility Work, uma espécie de rede social dos especialistas em manutenção, criada inicialmente dentro de uma empresa industrial por um estagiário. "Se esse jovem conseguiu desenvolver uma plataforma como essa, é porque é possível fazer coisas desafiadoras, que são realmente interessantes para o setor industrial".

Aprendizado humano e de máquina:
10 perguntas que um líder deve fazer a si mesmo

- As equipes de campo estão familiarizadas com o trabalho em colaboração com as máquinas? E com os robôs? Eu já testei pessoalmente monitorar um robô colaborativo (*cobot*)?

- Invisto energia suficiente em soluções digitais colaborativas que facilitem, acelerem e descompartimentalizem o trabalho em equipe?

- Existem novas profissões que devo antecipar para os próximos anos para preparar programas de treinamento ou adaptar recrutamentos?

- Encorajo suficientemente minhas equipes a encontrar uma primeira solução rapidamente e melhorá-la ao longo do processo? Eu mesmo trabalho isso de vez em quando?

- Estou suficientemente conectado ao meu ecossistema (parceiros, colegas industriais, instituições locais, concorrentes, setor, escolas e universidades, etc.) para desenvolver e compartilhar cursos de treinamento sobre as competências do futuro?

- Todos os membros da minha equipe fizeram algum treinamento relacionado a tecnologias digitais e novas tecnologias no último ano?

- Todos na empresa têm um curso formalizado de educação continuada?
- Sou proativo em incentivar as equipes a realizarem treinamentos em ferramentas variadas e inovadoras quando possível (MOOC, *e-learning*, etc.)?
- A apropriação das competências do futuro faz parte dos meus critérios de avaliação de fim de ano?
- Invisto energia tanto na definição de espaços de trabalho e áreas de relaxamento agradáveis quanto na de processos eficientes?

O avanço da Indústria 4.0

A Quarta Revolução Industrial chegou

Estaríamos errados em acreditar que temos tempo. Já entramos na Quarta Revolução Industrial. Algumas observações e projeções servem como evidência.

A primeira observação diz respeito à densidade de conexões no mundo, materializada pelo volume de dados gerados e utilizados. Em um relatório recente[1], o Idate estima que a quantidade de dispositivos conectados no mundo ultrapassará 36 bilhões em 2030. Esse número era de 4 bilhões em 2010 e, em 2018, de 15 bilhões. Essa evolução exponencial de um dos principais geradores de dados explica, sem dúvida, outra estatística interessante sobre os dados disponíveis no mundo: a International Data Corporation (IDC) estima que a capacidade de armazenamento necessário aumentará de 20 zettabytes (10^{21}) em 2018 para 44 em 2020 e 163 em 2025, contra 4,4 zettabytes em 2013. O volume de dados está crescendo tanto que 90% dos dados disponíveis hoje têm menos de dois anos e, em 2018, a quantidade de dados que o mundo gera a cada dia é a mesma que toda a humanidade produziu entre a criação do mundo e 2003.

A segunda observação diz respeito ao crescimento exponencial do nível de investimentos que são feitos ou planejados nas tecnologias do futuro, atestando o entusiasmo que isso gera no campo econômico. Por exemplo, os investimentos na área de robótica totalizaram 7,4 bilhões

---

[1] Idate, *Digiworld Yearbook 2017*, junho de 2017.

de dólares em todo o mundo no ano de 2000, contra 26,9 bilhões em 2015 e, se as projeções estiverem certas[2], 66,9 bilhões em 2025.

Terceira observação: a convicção dos líderes das empresas também se difunde nas esferas políticas, reforçando a dinâmica. Todas as grandes nações industrializadas iniciaram planos de estruturação para apoiar a transformação do setor em direção à Indústria 4.0. A Alemanha deu o primeiro passo em 2011 com seu plano Indústria 4.0; seguida pelos Estados Unidos, em 2013, e sua National Network for Manufacturing Innovation; depois o Japão, com o plano Connected Industries; a Coreia do Sul, com a Manufacturing Industry Innovation 3.0 Strategy; a China, com Made in China 2025; a França, com a Indústria do Futuro; e a Itália, com o plano Calenda no final de 2016.

A hiperconcentração tornou-se um fato tangível e mensurável, tanto econômica quanto geograficamente. Alguns bons exemplos podem ser encontrados no livro de Pierre Veltz *La Société hyperindustrielle*.

Em todo o mundo, 10 centros econômicos são responsáveis atualmente por 40% do PIB global e 75% da P&D. As cidades de Nova York e Tóquio teriam, portanto, um PIB equivalente ao da Espanha ou da Suécia se fossem independentes.

Na escala de um país como a França, a diferença entre as regiões em relação à taxa de graduados do ensino superior explica muita coisa. Em Paris, eles representam 57% da população ativa, em comparação com 40% na região parisiense, 35% em Toulouse ou Lyon, 30% em Lille ou Estrasburgo e apenas 15 a 20% nas regiões de Grande Leste e Altos da França.

A análise de geração de valor é igualmente esclarecedora no nível do produto, começando com o icônico iPhone. Sabe-se que um terço dos empregos associados com o produto estão localizados nos Estados Unidos e dois terços fora (principalmente na China). Ainda assim, dois terços dos salários vão para os EUA, ao passo que os salários chineses representam apenas 3% do total.

A importância e a rapidez desses fenômenos tornam indispensável que cada empresa industrial reflita profundamente sobre seu modelo de negócio, suas fontes de geração de valor e seu sistema industrial.

---

[2] BCG, *The Robotics Revolution*, 2015.

Em todos os países há pessoas se perguntando como incluir pequenas e médias empresas nesse movimento[3]. É também nessa perspectiva que a análise do modelo Tesla representa uma fonte de inspiração.

Os três círculos concêntricos do teslismo: um modelo sistêmico

Os sete princípios do teslismo constituem um conjunto coerente e indissociável: se um dos princípios estiver faltando, o sistema torna-se ineficiente, desequilibrado, e sua durabilidade é ameaçada. Essa visão sistêmica é, em grande parte, baseada na concentricidade dos três círculos que a caracterizam (Figura 4.1).

O aprendizado humano e de máquina é o elemento central do teslismo. O desempenho dos sistemas industriais da Indústria 4.0 depende essencialmente das conexões entre seu núcleo e sua estrutura. Os ser humano está, portanto, mais do que nunca, no centro do sistema, sobretudo sua capacidade de aprender rapidamente, que se torna essencial. Seja qual for o assunto, o que importa é capitalizar rapidamente, sempre adaptando a estratégia e as táticas operacionais. Em contato constante com a máquina, que apresenta interfaces digitais cada vez mais sofisticadas, o ser humano aos poucos vai se hibridizando com as tecnologias que o cercam e aprendendo a trabalhar com a inteligência artificial para beneficiar-se ao máximo dela e fazer com que todas as unidades de negócio se tornem autodidatas. Seu desenvolvimento é, portanto, fundamental, pois é pela aquisição constante de novas competências que cada membro das equipes industriais contribui para tornar o sistema autodidata, em uma lógica de *testar e aprender*, que defende o direito ao erro, individual e coletivo, desde que ele possa ser corrigido rapidamente. Além disso, para manter o equilíbrio do sistema, é fundamental que o diálogo social seja fortalecido e até expandido a todos os envolvidos na empresa e no ecossistema.

Esse núcleo é cercado pelo primeiro círculo, essencialmente focado na organização e nas tecnologias dentro da empresa. Ele é com-

---
[3] Ver, por exemplo, Bpifrance Le Lab, *Dirigeants de PME et ETI face au digital*, 17 de janeiro de 2018.

posto por três princípios complementares e indissociáveis na empresa da Indústria 4.0. O primeiro, a liderança de *start-up*, constitui um novo modo de gestão, adaptado à "horizontalização" necessária das organizações, para que cada gestor e cada função da empresa estejam a serviço dos que trabalham na linha de frente. O segundo, a hiper-manufatura, é a capacidade do sistema de se renovar rapidamente, revisar seus fluxos físicos e seus fluxos de informações com o mínimo de atrito, de forma alinhada com o ecossistema da empresa e aproximando-se o máximo possível do consumidor final para maximizar a experiência do usuário. Por fim, o terceiro, a hibridização de *software*, é o vetor tecnológico indispensável para uma melhora significativa da eficiência interna das operações da empresa, com melhor capitalização do início ao fim e, sobretudo, com melhor compreensão da utilização dos clientes para conceber produtos mais adequados ou para criar serviços inovadores.

Tudo isso é sustentado por um segundo círculo ainda mais disruptivo. Esse círculo é de natureza estratégica e se volta para o que está fora da empresa. Ele também é composto por três princípios que permitem "disruptar" o mercado com ideias diferentes. O primeiro é o *storymaking*, isto é, a capacidade dos principais líderes de transmitir uma motivação com uma visão que vai muito além da vocação empresarial, com o objetivo de atrair talentos e criar uma comunidade de pessoas que acreditam no projeto. Essa energia é mais bem canalizada quando os líderes se preocupam em dar o exemplo, passando o máximo possível de tempo com as equipes para mostrar-lhes o caminho e ensinar-lhes a superar obstáculos que podem ser difíceis de compreender no mundo de hoje. Essa visão essencial dos líderes, por sua vez, se baseia em duas armas para conquistar os mercados: a integração transversal, que permite reagir muito mais rapidamente à volatilidade, maximizando a integração pela aquisição, pelo desenvolvimento de *know-how* interno ou por uma melhor conexão entre as profissões da empresa ou com os parceiros; e a tração tentacular, que amplia os benefícios das novas redes de canais comerciais e, em particular, graças às plataformas digitais, possibilita a criação de tração comercial em uma perspectiva diferente da lógica tradicional do setor de origem da empresa.

O avanço da Indústria 4.0

Storymaking

Camada externa

Hibridização de *software*

Hipermanufatura

Camada interna

Tração tentacular

Aprendizado humano e de máquina

Integração transversal

Liderança de *start-up*

Núcleo
"Aqui, o fracasso é uma opção. Se as coisas não falharem, significa que você não está sendo inovador o suficiente."

Elon Musk

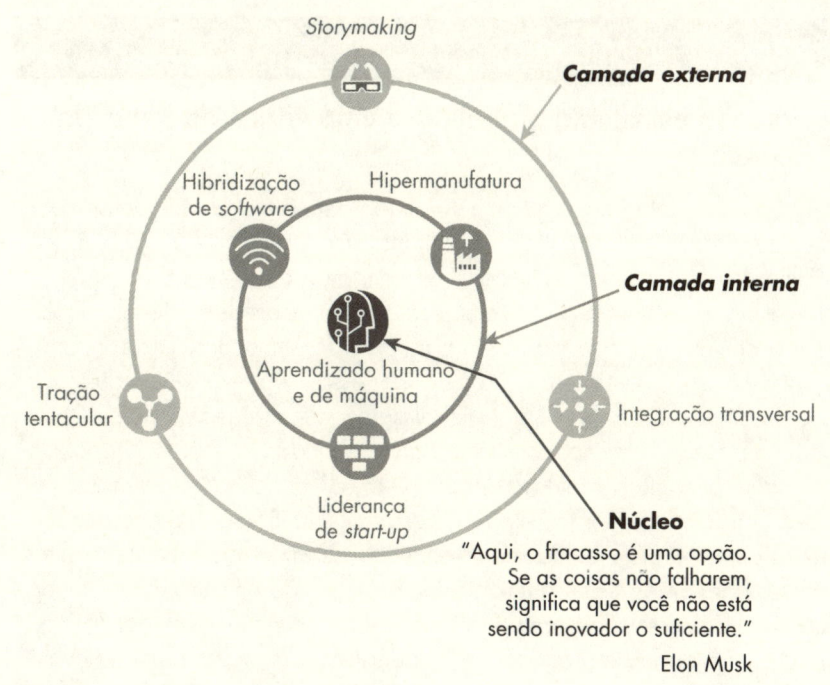

Figura 4.1 O modelo dos três círculos.
Fonte: Opeo.

O modelo dos três círculos não é específico da Tesla

O modelo Tesla é um caso isolado? Sem dúvida, ele é um dos modelos mais disruptivos que a indústria já viu até hoje. No entanto, o teslismo de forma alguma se restringe à Tesla, já que cada empresa industrial terá de adaptar seu modelo ao novo paradigma da Indústria 4.0. Alguns grandes agentes da indústria tradicional já começaram a construir sistemas que podem ser considerados formas de teslismo, pois estão próximos da estrutura de três círculos do modelo Tesla. É o caso da Michelin e da Mars, consideradas referências em indústria do futuro por sua estratégia disruptiva e pela coerência de seu sistema.

Depoimento da Michelin

"A primeira estratégia global para uma vitrine da indústria do futuro"

Líder mundial na fabricação de pneus, voltada para a mobilidade de pessoas e mercadorias, a Michelin iniciou uma transformação completa de sua abordagem estratégica, industrial e comercial, visando a aproveitar ao máximo os benefícios da Indústria 4.0. A empresa existe há mais de um século, então não é a primeira vez que ela passa por uma transformação; pelo contrário, ela continua se reinventando para passar por essa nova revolução industrial e sair dela ainda mais forte. Diretor global de engenharia, Jean Philippe Ollier revela as principais implicações dessa grande mudança. Após 20 anos no setor industrial como gerente do departamento de engenharia e, depois, gerente de fábrica e diretor industrial, Ollier passou os últimos 10 anos de sua carreira gerenciando entidades empresariais, incluindo, entre outros, o setor de pneus para aeronaves e a unidade de negócios da América Latina. Tendo desempenhado esses dois papéis diferentes, ele explica todos os detalhes da dupla oportunidade de "negócio" e "competitividade" que a Quarta Revolução Industrial representa para o grupo Michelin.

Uma visão global da hibridização entre indústria e digital, em que o pneu se torna um ativo

"A digitalização significa usar os dados para aproveitar melhor os ativos da empresa, entender melhor os usos de nossos clientes e, assim, poder oferecer a eles serviços cada vez mais adequados". É a partir dessa definição da estratégia da Michelin para a indústria do futuro que podemos começar a entender como a transformação atual está impactando a empresa e seus clientes. Os pneus estão cada vez mais conectados e inteligentes e podem ser vendidos para um determinado uso, em vez de serem vendidos por unidade. Por exemplo, no setor de pneus para aeronaves, a Michelin oferece pagamento por número de pousos; no caso de pneus de caminhão, é por número de quilômetros rodados. A primeira consequência dessa grande mudança é que o pneu passa a fazer parte do patrimônio da empresa, o que reforça o interesse em inovar para melhorar seu desempenho, principalmente em termos de vida útil do pneu. Isso reduz o custo de utilização do produto, otimizando o preço cobrado. Ao expandir o uso dos produtos e garantir a longevidade de seu desempenho, o custo de reciclagem também é reduzido.

Apoiado por uma política de responsabilização inovadora, o operador se torna uma figura central da transformação digital

Além dessa vantagem, essa nova abordagem implica também uma ligação muito estreita entre os dados que o operador de produção utiliza diariamente e os dados utilizados pelo cliente ao longo da vida útil do produto. Portanto, é importante equipar as equipes de campo nas fábricas com interfaces digitais adequadas, que garantam essa continuidade digital. Desse modo, o grupo decidiu envolver ao máximo as equipes na definição de soluções concretas que permitem rastrear e explorar os dados na oficina de produção. As interfaces e as ferramentas são definidas em conjunto com os operadores, que adquirem novas competências e funções, que vêm acompanhadas por uma necessidade significativa de responsabilização. Para facilitar essa mudança, a empresa lançou iniciativas para reforçar a autonomia das equipes em diversos assuntos que antes eram da competência dos responsáveis hierárquicos ou das funções de suporte. Isso inclui planejamento industrial, contratação de novos membros da equipe e planejamento de férias. "É evidente que a fábrica do futuro é composta por pessoas mais responsáveis", continua Jean Philippe Ollier. Para chegar lá, bases sólidas deverão ser construídas, exigindo um sistema de produção robusto. O nome dado a essa abordagem é "Michelin Manufacturing Way". A lógica é a seguinte: se o pneu agora faz parte do patrimônio, é importante otimizar seu funcionamento ao longo de sua vida útil. Isso também requer práticas operacionais e gerenciais robustas nas fábricas e na cadeia de suprimentos do grupo.

Uma estratégia de parceria inteligente e uma política de integração sob medida para garantir um crescimento duradouro

Para sustentar esse sistema de produção, a Michelin conta com uma dupla estratégia de integração e distribuição muito específica. Historicamente muito integrada, a empresa decidiu dar continuidade à sua política de integração, mas utilizando táticas "sob medida", que refletem a dimensão estratégica dos ativos. Desse modo, a Michelin continua desenvolvendo máquinas que a diferenciam de seus concorrentes. Paralelamente, a empresa prefere fazer parcerias para comprar máquinas de negócios tradicionais que não oferecem nenhuma vantagem competitiva relacionada ao processo. Em termos de vendas e distribuição, a Michelin também privilegia uma política de parcerias inteligentes, que lhe permitam manter sua relação com o cliente final, utilizando a força da sua rede de distribuidores. Quando, por exemplo, a empresa fatura os clientes das companhias aéreas com base no número de vezes em que um avião pousa ou empresas de caminhões com base nos quilômetros rodados, solicita aos parceiros que realizem análises de campo e garantam a manutenção dos pneus. Esse trabalho é muitas vezes realizado por um distribuidor local, permitindo à Michelin acessar mercados nos quais a empresa não poderia se tornar competitiva por meio da estratégia voltada para o uso. "Um cliente pode hesitar em pagar por um pneu *premium* da Michelin, mas, se você lhe oferecer um pagamento por quilômetros rodados com pneus recauchutados, isso muda tudo".

A indústria do futuro é também, e acima de tudo, uma história coerente com relação à sociedade

Além dos aspectos comerciais, Jean Philippe Ollier insiste no projeto da empresa com relação à sociedade: "Reduzir a deterioração do produto em 20% significa consumir 20% menos pneus e também reduzir a capacidade de produção em 20%, consumir 20% menos energia, 20% menos matéria-prima, e reciclar 20% menos pneus... Isso claramente beneficia a sociedade como um todo". Importante fator na construção da imagem da marca, essa vantagem econômica, combinada à digitalização, é também um fator atrativo para novos talentos, permitindo ao Grupo se mostrar como uma estrutura moderna, um lugar em que é bom trabalhar. O modelo organizacional que a Michelin criou para se beneficiar da Indústria 4.0 é focado nas pessoas e em sua aprendizagem, apoiado por um sistema de produção robusto, por uma política de gestão responsabilizante, por uma estratégia de digitalização orientada para o usuário e por uma tática de integração sob medida e, por fim, acompanhada por uma história coerente em relação à sociedade. Ele é, portanto, um belo exemplo de um sistema coerente com os três círculos estratégicos, tecnológicos e humanos do teslismo.

Depoimento da Mars, MyM&M's®

"Uma *start-up* com o DNA da Indústria 4.0"

A MyM&M's® é uma aventura à parte. *Start-up* oriunda de um dos grupos mais estruturados do setor agroalimentar, essa organização, que conta com cerca de 40 colaboradores, é uma joia em ascensão na Indústria 4.0. A empresa consegue a façanha de fazer M&M's® personalizados pelo próprio cliente final, por encomenda e por unidade, em prazos que desafiam toda a concorrência. Valérie Metzmeyer, que ocupa o cargo de gerente do fluxo de valor, é responsável pelos fluxos e pelo desenvolvimento operacional da empresa. Com um dinamismo digno de *start-up*, a gerente relata com entusiasmo a força e a especificidade do modelo MyM&M's®, caracterizado por modos de funcionamento extremamente sistêmicos.

A digitalização responsável pela rápida guinada da *start-up*

Mesmo depois de 30 anos de carreira, os olhos de Valérie Metzmeyer ainda brilham quando ela relembra o lançamento do MyM&M's® na Europa: "Nossa CEO conheceu o conceito nos EUA e se encantou tanto que inauguramos em dezembro de 2006, mesmo com a decisão de se transferir para a França tendo sido tomada em março do mesmo ano!". A partir daí, tudo ocorre muito rapidamente. Com a tecnologia de impressão já implantada na unidade de negócios dos Estados Unidos, a nova fábrica anfitriã da *start-up* pôde começar a fabricar os chocolates M&M's imediatamente. Comercialmente, foi um grande sucesso, pois possibilitou o recrutamento de clientes por meio de canais diferentes dos habitualmente usados durante compras por impulso em lojas. Isso cria tração adicional por meio do *e-commerce*. "O produto transmite uma carga emocional muito forte, pois os consumidores têm a possibilidade de personalizar os M&M's® como quiserem para celebrar eventos importantes em suas vidas", continua Metzmeyer. O consumidor participa completamente do processo de criação do produto e pode customizá-lo o quanto quiser, podendo escolher cores, *design*, embalagens e até brindes associados. Essa relação de proximidade cria uma verdadeira sensação de realização. Em 10 anos, a *start-up* multiplicou seu faturamento por 10!

Uma mudança radical nas práticas de fabricação

Para alcançar esse crescimento extraordinário, um dos argumentos essenciais da marca é, acima de tudo, sua capacidade de resposta. Os M&M's® podem ser entregues em prazos extremamente curtos, e isso não pode ser feito de qualquer forma, já que envolve a organização industrial, as práticas de planejamento e os modos de operação das equipes. Tudo isso foi totalmente adaptado, sendo radicalmente diferente do restante da empresa. Assim, na alta temporada, a linha triplica sua capacidade, o que exige um aumento rápido das competências de operadores adicionais. Para conseguir fazer isso, todos devem estar prontos para assumir um papel de orientador e transmitir seu *know-how*. Além disso, os processos tiveram de ser simplificados ao máximo. "O *lean manufacturing* nos ajudou muito, mas não é suficiente. O Novo Mundo também requer uma mentalidade forte, baseada na transmissão de valores robustos e na capacidade de questionar-se sem parar", acrescenta Metzmeyer. A jornada nem sempre é simples: pedir a alguém para mudar seu horário de trabalho tem implicações para sua vida pessoal. É preciso, portanto, ter uma gestão que esteja preparada para ouvir as pessoas, explicar-lhes as coisas e facilitar suas relações com as funções de suporte ou outras partes da fábrica.

Valores concretos e integração aberta ao exterior

Para além dos modos de liderança, o que diferencia a empresa ao longo do tempo é, sobretudo, seu sistema de valores. Qualidade, responsabilidade, reciprocidade, eficiência, liberdade: esses valores fundadores do Grupo Mars são centrais na cultura corporativa. Eles orientam as decisões diárias, destacando o respeito e a responsabilidade por todos os colaboradores e parceiros envolvidos na atividade. Esse modo de funcionamento faz com que a energia da empresa circule em torno dos três círculos do teslismo: fazer as pessoas trabalharem com novas tecnologias, em uma lógica de aprendizado diário, organizar e gerenciar a empresa com uma ferramenta de fabricação "hiper" flexível e colaborativa, sustentada por uma plataforma de *e-commerce* muito robusta e por negócios integrados em modo *start-up*.

Graças a seus diferentes segmentos de negócios na França, a Mars é considerada uma empresa muito atrativa: é a terceira no *ranking* Great-Place-to-Work® 2018, de empresas nas quais é bom trabalhar na França, e foi eleita a empresa favorita de estagiários no *ranking* Happy Trainee 2017.

O grupo tem se mostrado muito interessado em comunicar suas atividades e oportunidades de desenvolvimento, levantando a questão de uma potencial mudança do resto do grupo Mars inspirada pela MyM&M's®. Só o futuro dirá se isso vai se concretizar. O que é inegável é que essa experiência, ainda que limitada a alguns núcleos de crescimento, é um sucesso e mais uma demonstração da existência da Indústria 4.0.

Como implementar o modelo Tesla em sua organização

O primeiro passo para entender a transformação da Tesla é assimilar seu modelo de negócios. Implementar essa transformação, no entanto, requer uma visão mais ampla.

Este capítulo, mais focado no âmbito operacional, ajudará todo diretor de empresa, engenheiro industrial ou analista a entender os fundamentos por trás da implementação organizacional do modelo Tesla. A partir da identificação das principais fases de diagnóstico necessárias para a avaliação do "grau de teslismo" de sua empresa, compreenderemos como alavancar a melhoria do sistema como um todo.

Diagnósticos

Diagnóstico de hipermanufatura com um VSM 4.0

Assim como ocorreu com a *lean manufacturing*, a maioria dos conceitos da hipermanufatura pode ser adaptada para outras empresas além da Tesla. Para iniciar esse movimento em sua empresa, você deve primeiro explorar uma versão 4.0 melhorada do mapeamento do fluxo de valor (VSM, do inglês *value stream mapping*). Assim como em um VSM tradicional, esse mapeamento deve ser feito em campo, mas no sentido inverso da cadeia de valor, começando pelos clientes e depois mapeando, ao mesmo tempo, os fluxos de informações e os fluxos físicos.

Desperdícios visíveis

Alguns desperdícios são bastante visíveis e fáceis de detectar ao percorrer a cadeia de valor: consumo excessivo, espera, tarefas repetitivas ou desinteressantes e, por fim, burocracia.

Para detectar o **consumo excessivo**, é preciso procurar estoques excessivos, resíduos, vazamentos ativos (geralmente consumo excessivo de ar, água ou óleo) e, o mais importante, como esses desperdícios são medidos e monitorados diariamente pelas equipes em campo. Se esses desperdícios estiverem sob controle, deve haver indicadores-chave de desempenho ligados a eles, com objetivos claros. Esses indicadores devem ser gerenciados pelos gerentes de primeira linha e avaliados pela direção da fábrica durante cada visita.

O **tempo de espera** é provavelmente o desperdício mais fácil de detectar: ao andar pela fábrica, você verá máquinas que não estão funcionando, o que pode ser devido à ineficiência no planejamento, a trocas inadequadas, a falhas ou mesmo ao absenteísmo. O principal indicador de desempenho para medir a eficiência da máquina é o OEE (eficiência global do equipamento). Há uma maneira fácil de obter uma aproximação desse indicador quando você estiver em campo: a cada minuto, observe todas as máquinas em seu campo de visão e veja quais estão em execução e quais estão paradas. A contagem dessas máquinas geralmente mostra que elas estão paradas entre 5 e 70% do tempo. Se a máquina não for o posto de trabalho restritivo (gargalo) do processo, o equilíbrio entre a carga de trabalho e a capacidade pode explicar uma certa proporção (5 a 10%) desse tempo de espera. As máquinas não são as únicas que ficam em modo de espera em um ambiente de produção: materiais, produtos em processamento e até mesmo pessoas costumam passar algum tempo esperando. Os operadores de campo geralmente aguardam uma ferramenta, uma peça ou uma informação, o que gera conversas. A melhor maneira de medir o impacto da espera nas pessoas é sondar com frequência as atividades dos trabalhadores durante as visitas de campo: eles estão gerando valor para o cliente final ou estão esperando algo ou alguém? Esperas ou conversas improdutivas podem representar de 5 a 25% do tempo de trabalho desperdiçado, dependendo das atividades industriais.

As **tarefas repetitivas ou árduas** são um pouco mais difíceis de detectar. Você precisa ficar parado por um tempo em um local fixo e observar a mesma atividade por alguns ciclos. A automatização de tarefas repetitivas está se tornando cada vez mais fácil. De um modo geral, nossas observações mostram que, atualmente, 10 a 30% das tarefas realizadas na fabricação poderiam ser automatizadas em um futuro próximo, dependendo dos setores e dos processos. Quando falamos de tarefas árduas, a melhor maneira de avaliar o conforto de um posto de trabalho é procurar gestos e movimentos difíceis de realizar e medir sua frequência e intensidade.

A **burocracia** também é um tipo de desperdício que pode ser facilmente percebido. Ao percorrer a fábrica, observe a quantidade de papel em cada mesa ou posto de trabalho. Normalmente, os gerentes gastam de 5 a 20% de seu tempo em tarefas administrativas, e os operadores de campo, 5 a 10% em papelada na maioria dos ambientes de fabricação. No entanto, para avaliar a burocracia, também é necessário questionar as funções de apoio centrais sobre as tarefas diárias relacionadas a seus processos principais.

Desperdícios virtuais

Assim como no caso da burocracia, alguns desperdícios só são perceptíveis se passarmos um tempo mapeando fluxos de informações e nos comunicando intensamente com as equipes para coletar dados sobre os seguintes desperdícios: indecisão, silos, desconforto do usuário e dados inexplorados.

A **indecisão** parece ser um dos desperdícios mais difíceis de medir. No entanto, existem pelo menos duas metodologias aplicáveis para avaliá-la. Antes de tudo, é preciso participar de reuniões importantes da organização para detectar microindecisões. Isso pode ser feito em diferentes níveis (por exemplo, em uma reunião em campo com os operadores e outra com a gerência da fábrica). É preciso ouvir os diálogos e listar quaisquer ações mencionadas durante a reunião ou detalhes de quaisquer conflitos. Em seguida, é preciso observar a porcentagem de ações ou discussões que levam a decisões concretas, com um responsável claramente identificado e um prazo definitivo. De um modo geral, o tempo de valor agregado durante as reuniões é inferior a 20% do tempo observado. Isso se deve a diversos fatores: falta de uma agenda clara, falta de liderança, falta de ferramentas para formalizar ações e decisões, intervenientes despreparados ou falta de disciplina.

Da mesma forma que a indecisão, os **silos** não são fáceis de detectar ao caminhar por uma fábrica. Existem três maneiras de avaliar a capacidade de uma organização de evitar silos.

O primeiro método é observar as equipes em campo em seu cotidiano: os membros naturalmente ajudam uns aos outros? A carga de trabalho está devidamente equilibrada entre as diferentes áreas e funções? A agilidade no balanceamento de cargas de trabalho por dia ou por hora é um dos elementos-chave de uma hiperorganização. Para alcançar isso, você precisa ter não apenas um bom sistema de planejamento e monitoramento, mas também um excelente nível de colaboração entre as funções e um nível muito alto de confiança.

O segundo método requer examinar o comportamento dos funcionários fora de sua atividade principal. Nas hiperorganizações, todas as equipes têm o mesmo código de vestimenta; trabalham na mesma área, sem escritórios específicos; almoçam no mesmo local e se misturam com trabalhadores que desempenham outras funções ou pertencem a outros níveis da organização. O paradigma do "colarinho azul *versus* colarinho branco" acabou.

Por fim, os silos podem ser detectados observando-se um organograma e os objetivos da equipe. As hiperorganizações geralmente são bastante horizontais e promovem a tomada de decisões rápidas. Observe qualquer líder de equipe em campo e estime a distância (em número de ligações no organograma) entre essa pessoa e aqueles sentados no mesmo escritório. Esse será um bom indicador do quanto a organização é capaz de evitar silos.

Mais do que uma especificação mensurável, o **desconforto do usuário** é uma sensação. A falta de conforto constitui um problema. Existem duas maneiras opostas, mas complementares, de diagnosticar o desconforto do usuário em uma interface digital ou, mais geralmente, em um posto de trabalho industrial.

A primeira consiste em avaliar o ambiente de trabalho, observá-lo e, em seguida, questionar o usuário sobre quais especificações precisam ser adaptadas ou melhoradas. Isso também pode ser feito usando-se uma metodologia de classificação para avaliar o desconforto do trabalho.

Outra forma de entender o desconforto do usuário envolve o desenvolvimento de uma análise do zero. Esqueça por um segundo que o posto de trabalho e os sistemas estão lá. Foque nas especificações--chave para o usuário. Em seguida, realize um estudo de sensibilidade para entender qual especificação produzirá um efeito "extraordinário" sobre ele. Os projetistas de aplicativos usam um famoso padrão (emprestado do autor e investidor estadunidense Nir Eyal) para garantir que os usuários fiquem "viciados": gatilho, ação, recompensas variáveis e investimento.

Os **dados** são a nova fonte de valor comercial, e, portanto, dados inexplorados devem ser rastreados diariamente por todos os gestores. Infelizmente, esse desperdício é um pouco difícil de observar, pois é totalmente intangível, e mesmo difícil de compreender. Todo mundo sabe que um bom líder deve ser capaz de decidir e enxergar as implicações de uma boa decisão na agilidade de uma organização, mas ter dados nunca impedirá ninguém de trabalhar. É apenas uma oportunidade perdida de gerar valor. Portanto, esses desperdícios devem ser detectados de uma forma um pouco diferente. Em primeiro lugar, todas as equipes devem ser informadas da importância do bom uso dos dados. Em seguida, pode-se fazer um diagnóstico analisando três etapas diferentes: coleta, gestão e exploração. Para determinar a coleta de dados, o avaliador encontrará parte das informações em campo e o restante delas por meio do monitoramento dos sistemas ou por meio de autômatos e interfaces. A gestão de dados deve ser avaliada com o serviço de TI, mediante mapeamento de fluxo de dados.

Diagnóstico de integração transversal com uma versão ampliada das forças de Porter

Para avaliar o nível de integração em sua organização, uma versão ampliada das cinco forças de Porter pode ser muito proveitosa. Use as novas tecnologias para as ações descritas na Figura 5.1.

Cadeia de valor do fornecedor	Parceria 4.0	Como agrupar parcerias e se conectar melhor ao ecossistema para se beneficiar dos novos setores e adquirir novas competências?	Cadeia de valor do cliente
Como você pode aproveitar as novas tecnologias para melhorar o desempenho e a pegada ecológica de sua cadeia de suprimento a montante? Como identificar oportunidades de internalização?	Proposta de valor renovada	Como segmentar e revisar todas as suas funções internas para melhorar o poder das conexões e acelerar a capacidade de resposta dos processos de uma ponta à outra da cadeia?	Como aproveitar as novas tecnologias para se aproximar do cliente e oferecer produtos ou serviços disruptivos?
	Barreira à entrada 4.0	Como construir novas barreiras à entrada com novas tecnologias e ser o primeiro a revolucionar sua própria indústria com o poder das plataformas digitais?	

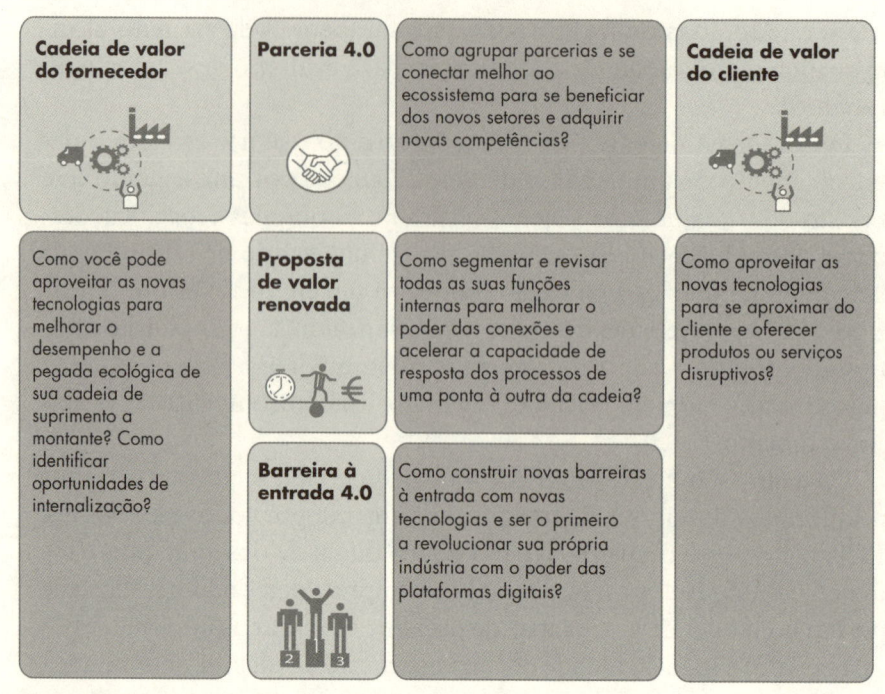

Figura 5.1 Forças de Porter ampliadas.
Fonte: Opeo.

Melhore a proposta de valor para seus clientes e promova a disrupção de sua cadeia de valor, se necessário

Ter acesso aos dados do cliente final é fundamental para entender suas motivações e o quanto ele está disposto a pagar por novos serviços. Ao questionar o lado do cliente em sua cadeia de valor, o objetivo é determinar como aproveitar as tecnologias para se aproximar do cliente final. Existem diferentes alavancas, que vão desde conectar o produto para obter os dados diretamente até uma mudança radical na abordagem de distribuição de vendas, ou mesmo uma reinternalização das etapas posteriores do processo. De qualquer forma, a ideia é pensar de maneira diferente a proposta de valor e conhecer melhor as necessidades de seu cliente para garantir que você possa oferecer serviços adequados.

Reforce as barreiras de entrada em termos de ameaças de plataforma

Existem duas maneiras de diagnosticar como é possível melhorar as barreiras de entrada em seu setor e reforçá-las. A primeira maneira é passar algum tempo na barreira existente e ver se você consegue ir além usando novas tecnologias. No setor aeronáutico, por exemplo, há uma enorme exigência de rastreabilidade em toda a cadeia de suprimentos e, ao mesmo tempo, há uma pressão crescente pela pontualidade das entregas.

A segunda maneira é simplesmente pensar fora da caixa ao tentar promover uma disrupção em seu próprio setor. Você pode criar inovações internas ou obter uma participação em *start-ups* que façam a disrupção de seu setor com novos modelos de negócios.

Revise o nível de conexão com sua rede de fornecedores e faça a disrupção de algumas das atividades a montante

Para avaliar o quesito suprimento em sua cadeia de valor, duas questões principais devem ser consideradas quanto à agilidade de sua organização industrial: existem peças fundamentais ou subsistemas do produto que se desenvolveriam mais rápido se isso fosse feito internamente? Existem fornecedores ou cadeias de suprimentos a montante que não são confiáveis ou não respondem? Em ambos os casos, existem três níveis de reação. Primeiro, explore como as novas tecnologias podem melhorar a conexão com esses fornecedores, por exemplo, acelerando os processos de planejamento ou previsão por meio de pedidos eletrônicos automatizados. Em segundo lugar, descubra se existem tecnologias que possam fazer a disrupção da cadeia de suprimentos. Por exemplo, algumas oficinas de usinagem tradicionais podem ser substituídas por impressão 3D, com economias futuras em termos de custos, prazos de entrega e confiabilidade no fornecimento. Isso vale para a prototipagem durante a fase de P&D, mas também para a fabricação de peças.

Avalie novas oportunidades de parcerias com seu ecossistema

Na era digital, a capacidade de coletar dados é essencial para obter novas propostas de valor e se beneficiar do efeito de rede. Contudo, as empresas industriais geralmente não são suficientemente grandes ou estão isoladas demais para lidar com esse aumento. Existe, portanto, uma ameaça real de substituição por *pure players* do digital. No entanto, há várias maneiras de diagnosticar a capacidade de sua organização de lidar com essas ameaças. Primeiro, você pode avaliar seus potenciais parceiros do ponto de vista geográfico. As empresas de sua região podem fabricar produtos totalmente diferentes, mas têm um interesse concreto em colaborar com você em assuntos importantes que muitas vezes são comuns a todas as empresas industriais. Como podemos desenvolver novas competências tecnológicas? Como podemos economizar energia? Como podemos melhorar o sistema de gestão de desempenho? Como podemos melhorar os processos de planejamento, controle de qualidade, suprimento, etc.? Como tornar a empresa e a região atrativas para os jovens? A boa notícia é que muitos desses temas já são abordados em clubes de empreendedores locais ou iniciativas públicas.

Faça uma revisão de sua proposta de valor central, foque nos setores de atividade mais importantes e aumente o nível de colaboração entre suas principais funções internas

A melhor ferramenta para diagnosticar a agilidade de seus processos e funções internas é uma matriz função-função (Figura 5.2). Posicione as diferentes funções-chave da empresa em ambos os eixos. Em seguida, avalie, para cada caso da matriz, o desafio e a maturidade da conexão: a conexão é vital para o crescimento, para a capacidade de resposta ou para o negócio, para a eficiência dos processos-chave? As duas funções respondem suficientemente bem uma à outra? Elas são capazes de resolver problemas complexos juntas? Qual é a duração típica de uma sessão de resolução de problemas? Os líderes das funções colaboram e conseguem tomar decisões conjuntas quando necessário?

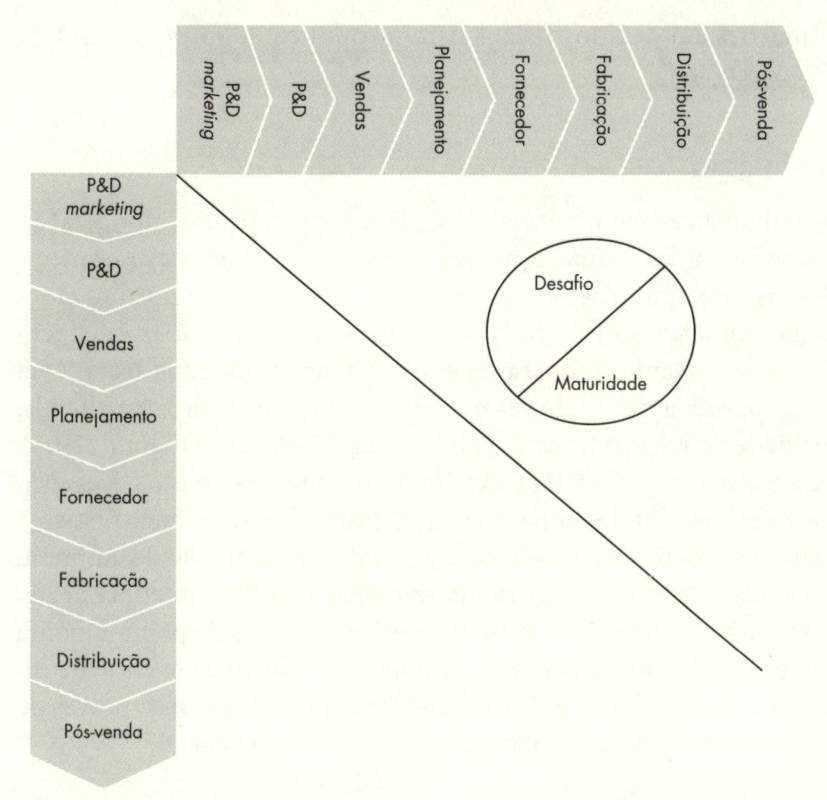

Figura 5.2 Matriz função-função.
Fonte: Opeo.

Diagnóstico de hibridização de software com uma matriz inteligente

Classificação de softwares e de novas tecnologias

Antes de avaliar seu potencial de hibridização de *software*, você deve enfrentar um obstáculo clássico: lidar com a abundância de novas tecnologias. É por isso que categorizamos tecnologias úteis para a hipermanufatura em quatro domínios principais, seguindo o fluxo natural dos dados: coleta de dados com dispositivos IoT; análise de informações com aprendizado de máquina e *big data*; transformação de dados em um visual concreto com aplicativos digitais, sistemas e ferramentas de simulação; e, por fim, uso de dados para converter informações em pedidos físicos com a robótica, a impressão 3D ou novos processos.

Metodologia

Para diagnosticar seu potencial de melhoria em relação à hibridização de *software* e a esses quatro pilares de tecnologia, você deve primeiro avaliar as oportunidades em cada função e, depois, as oportunidades de uma ponta à outra da cadeia. Nesse contexto, a matriz inteligente é uma ferramenta útil para entender o impacto de cada tecnologia em cada parte da cadeia de valor: confiabilidade, eficiência, qualidade, capacidade de resposta, rastreabilidade, agilidade, etc. (Figura 5.3). A tecnologia tem potencial de trazer muitas melhorias, mas é necessário utilizar uma metodologia para evitar a dispersão. O primeiro passo é definir seus desafios na estratégia, no contexto e na missão da empresa. Em seguida, identifique as partes de sua cadeia de valor interna que devem ser afetadas por essas questões, desde processos de ponta a ponta até funções individuais. Por fim, use uma matriz inteligente para identificar as tecnologias que você pode utilizar para lançar POCs (provas de conceito) e, em seguida, se beneficiar da melhoria potencial.

Diagnóstico de tração tentacular com a segmentação da empresa

Segmentação cêntrica-dinâmica

A melhor maneira de diagnosticar a tração tentacular é segmentar seus setores de atividade e funções internas de acordo com dois eixos: um representa a função da linha de negócios principal para sua missão e roteiro estratégico (centralidade empresarial), e o outro consiste em identificar o que você precisa obter para atingir esses objetivos — progresso incremental (tipicamente menos de 20% de melhoria) ou disrupção (dinamismo empresarial). As funções que não são essenciais e precisam apenas de progresso incremental podem ser aprimoradas com programas tradicionais de melhoria contínua ou transformadas em plataforma, como veremos na seção dedicada ao diagnóstico da tração tentacular.

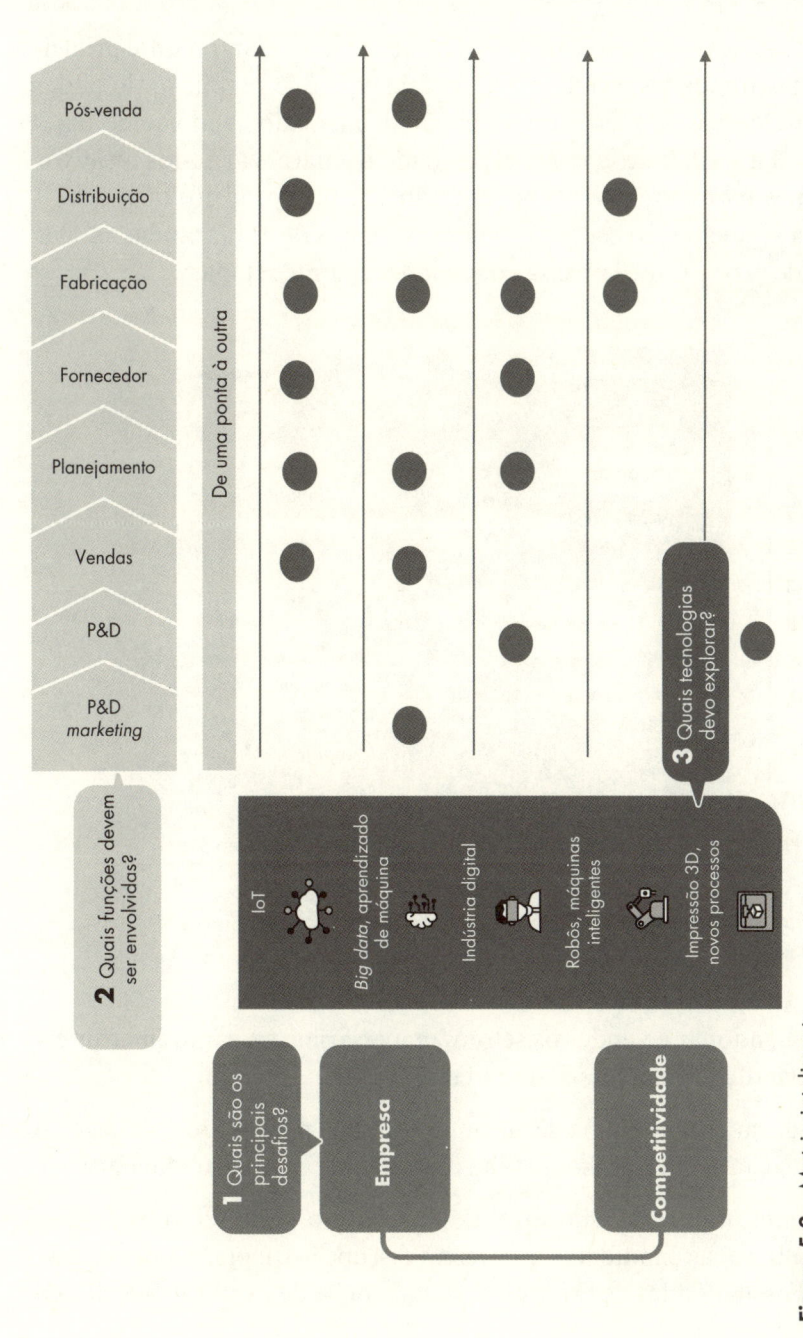

Como implementar o modelo Tesla em sua organização

Figura 5.3 Matriz inteligente.
Fonte: Opeo.

Melhores oportunidades

Para identificar as oportunidades da tração tentacular, procure primeiro as oportunidades de alto nível. A ideia aqui é se beneficiar do poder das plataformas para acelerar a atração de mercado, tendo como objetivo final a virilidade, que é a capacidade de alavancar todos os ativos existentes para aumentar exponencialmente seus próprios ativos. Voltando à segmentação cêntrica-dinâmica, depois de avaliar todas as suas linhas de serviço, você precisa concluir as seguintes etapas:

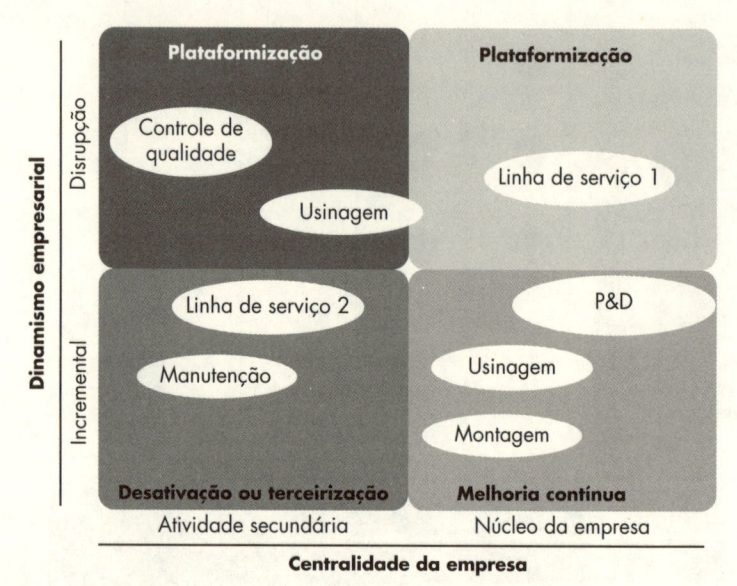

Figura 5.4 Dinâmica do negócio, matriz de orientação da empresa.
Fonte: Opeo.

- abandonar e vender os setores empresariais no canto inferior esquerdo (baixo dinamismo e centralidade);
- iniciar um programa de melhoria contínua para as áreas de negócio no canto inferior direito (alta centralidade, mas baixo dinamismo);
- para indústrias cujo nível de dinamismo pode ser considerado alto (boas candidatas a sofrerem disrupção), é preciso pensar nas possibilidades de criar uma plataforma e de explorar o efeito de

rede digital. Mantenha essa iniciativa estritamente interna se o setor de atividade for o ramo de atividade básica (canto superior direito) e terceirize a iniciativa de plataformização se não for o caso (canto superior esquerdo).

Oportunidades de benefícios

A mesma abordagem pode ser usada para funções internas: qualidade, manutenção, planejamento, cadeia de suprimentos, P&D, produção, etc. As funções que não fazem parte de uma grande dinâmica de negócios podem ser terceirizadas se não forem funções centrais ou se não puderem ser melhoradas por um programa clássico de melhoria contínua. Para funções sujeitas a um dinamismo empresarial significativo, o próximo passo é pensar em uma forma de criar um efeito de plataforma, seja com uma nova linha de serviço interno (se for uma atividade principal), seja com uma iniciativa terceirizada (se não for uma atividade principal).

Como criar uma estratégia de *storymaking* personalizada

O *storymaking* deve ser avaliado de duas maneiras.

Certifique-se de que sua visão é consistente com todos os envolvidos e alimente a energia de suas equipes e de seu ecossistema

Desenvolver uma boa visão não é fácil; é preciso, antes de tudo, alguma introspecção. Uma boa maneira de fazer isso é avaliar quatro aspectos do DNA de sua empresa e alinhar suas equipes em torno de uma visão comum.

- A primeira tarefa é entender os fundamentos do negócio. Examine sua história para avaliar os pontos fortes e a base compartilhada da cultura da sua empresa. Por exemplo, se você tem uma empresa que projeta e fabrica produtos para melhorar a qualidade do ar, você deve capitalizar esse aspecto de sua proposta de valor para torná-la uma mensagem unificadora para suas equipes.

- A segunda tarefa diz respeito às grandes perspectivas da empresa. Liste seus principais desafios em seu setor e contexto específicos. Em seguida, descubra como enfrentar esses desafios, mantendo as bases que estão no centro de sua cultura.
- A terceira tarefa é determinar a dinâmica da evolução. Você precisa definir objetivos ambiciosos e inspiradores para o negócio e, em seguida, trabalhar com suas equipes para listar os pontos fortes que o ajudarão a atingi-los.
- Por fim, a quarta tarefa é avaliar o modo de governança. Reflita como o poder deve ser compartilhado entre a equipe executiva, os acionistas, a gestão, a equipe e até mesmo os parceiros externos do ecossistema. Para esse exercício, é preciso descrever como a empresa toma suas decisões interna e externamente e qual é a mentalidade necessária para manter o modo de governança.

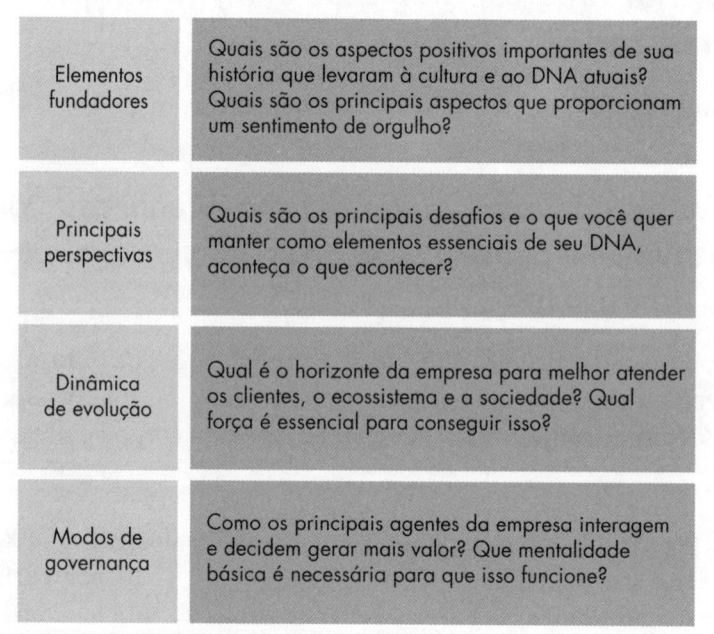

Elementos fundadores	Quais são os aspectos positivos importantes de sua história que levaram à cultura e ao DNA atuais? Quais são os principais aspectos que proporcionam um sentimento de orgulho?
Principais perspectivas	Quais são os principais desafios e o que você quer manter como elementos essenciais de seu DNA, aconteça o que acontecer?
Dinâmica de evolução	Qual é o horizonte da empresa para melhor atender os clientes, o ecossistema e a sociedade? Qual força é essencial para conseguir isso?
Modos de governança	Como os principais agentes da empresa interagem e decidem gerar mais valor? Que mentalidade básica é necessária para que isso funcione?

Figura 5.5 Componentes da história.
Fonte: Opeo.

Adapte seu estilo de liderança pessoal para promover a coerência organizacional

O *storymaking* significa se comunicar regularmente com o mundo fora da empresa, especialmente os clientes, e garantir a geração de um "atitude modelo" dentro da empresa e em campo. Você pode conseguir isso por meio de sua revisão externa, sua comunicação e seu comportamento em campo.

Revisão externa e comunicação

A primeira tarefa é determinar sua agenda como executivo. Quanto tempo você pode dedicar a cada semana para ler conteúdo externo sobre seus concorrentes ou aprimorar seus conhecimentos (digitais, de novas tecnologias, conteúdo funcional, etc.)? Uma boa média é de cerca de 10%. É claro que não é uma receita de bolo. O importante é explorar continuamente a agregação de conhecimento fora da empresa. As redes sociais, as palestras, as revistas especializadas, os boletins informativos, os livros profissionais, os MOOCs e as empresas de consultoria são geralmente boas fontes para tirar proveito do conteúdo externo.

A segunda tarefa é identificar os canais a serem usados para se comunicar diretamente com os clientes e a mídia. Que tipo de conteúdo você gostaria de manter como líder e que tipo de conteúdo deve ser delegado ao seu departamento de comunicação interna? Como você deseja comunicar esse conteúdo? Você gostaria de dialogar diretamente com seus clientes ou delegar essa atividade à rede de vendas? Essas decisões dependem do seu setor e de seus clientes.

Comportamento em campo

Aqui, a primeira tarefa também diz respeito à sua agenda como líder. Quanto tempo por dia você deseja dedicar a uma visita de campo? Quais são suas atividades concretas uma vez que você está em campo? Geralmente, há dois tipos de atividades possíveis: (1) o controle de gerenciamento de processos, para garantir que o que você vê durante a visita seja consistente com o que sua equipe e o que os indicadores estão dizendo sobre desempenho-chave; e (2) a observação de indivíduos ou grupos, fornecendo um *feedback* estruturado para fazê-los progredir e se desenvolver. Essas atividades também ajudam você a receber informações diretas para garantir que suas prioridades sejam compreendidas e sua estratégia seja coerente. Você também pode procurar maneiras de melhorar a situação rastreando as oito fontes de desperdício descritas anteriormente (consumo excessivo, espera, tarefas repetitivas ou árduas, burocracia, indecisão, silos, desconforto do usuário e dados inexplorados). Você pode resolver problemas complexos participando pessoalmente de algumas das sessões de grupo. Um bom exemplo é um gerente de fábrica com 1.000 FTEs (*full-time equivalent*) que passa uma hora por dia ajudando as equipes apenas participando de uma sessão de solução de problemas.

A segunda tarefa diz respeito ao comportamento do líder durante todos os exercícios que mencionamos. Uma boa maneira de avaliar a capacidade de um líder é examinar seu comportamento em suas rotinas de gestão típicas. O líder se comporta como uma força motriz, vai regularmente a campo e às vezes lidera parte do projeto com o objetivo de servir de exemplo? Ele desafia sua equipe fazendo perguntas, aumentando constantemente o nível de engajamento e forçando o surgimento de prioridades? Ele se comporta como um *coach*, oferecendo *feedback* estruturado para garantir o desenvolvimento dos indivíduos e dos grupos, ou como um acelerador, questionando constantemente a velocidade de resolução de problemas, a aderência ao planejamento e a agilidade do processo?

Diagnosticando sistemas e comportamentos de liderança de start-up

A liderança de *start-up* refere-se à capacidade da gerência intermediária de transmitir sua visão enquanto capacita as equipes para desenvolver o negócio. Ela se baseia em um sistema de gestão robusto e em comportamentos adaptados.

Um sistema de gestão robusto

A primeira peça que compõe a base de um sistema de liderança de *start-up* é a digitalização das rotinas de gestão. Uma boa maneira de avaliar o potencial da digitalização é, em primeiro lugar, medir o tempo gasto pelos gerentes em diferentes atividades. Observar um posto de trabalho em seu contexto normal é uma boa maneira de fazer isso. A digitalização faz com que haja mais tempo para gerar valor e reduz drasticamente a burocracia, permitindo a reformulação de sistemas desagradáveis. As tarefas administrativas normalmente ocupam de 15 a 25% do tempo de trabalho na Indústria 3.0, mas devem chegar a menos de 5% na nova indústria. O verdadeiro poder da digitalização é acelerar a conexão entre indivíduos e equipes. É por isso que um mapa de calor das diferentes relações entre as funções e o nível organizacional deve ser desenvolvido para focar a energia na digitalização das conexões com maior impacto. Por exemplo, se a produção e a engenharia estão intimamente ligadas (esse é frequentemente o caso em setores de alta tecnologia), é preciso testar uma solução colaborativa para acelerar as discussões e tornar os ciclos mais curtos, o que levará a uma melhor capacidade de resposta e eliminação de reformulações. Ao mesmo tempo, é interessante verificar o horizonte temporal típico necessário para monitorar o desempenho. A maioria das indústrias teria de passar de semanas para dias, de dias para horas ou de horas para minutos para acabar com a concorrência. Isso geralmente é feito por meio de ferramentas de comunicação ágeis e um bom sistema de alerta. Por fim, você precisa verificar se o rastreamento de ações e a resolução de problemas gerais são realizados digitalmente: isso esclarece o monitoramento de desempenho e o envolvimento da equipe para garantir que as coisas aconteçam e melhora consideravelmente a capitalização dos conhecimentos.

A segunda peça que compõe a base de um sistema de liderança de *start-up* diz respeito ao ecossistema: é preciso se assegurar de que a empresa está aproveitando as habilidades externas. Novamente, para diagnosticar o ecossistema, você pode passar tempo com as funções principais e com as funções de apoio, dividindo o tempo entre equipes internas e externas ou entre as competências. O que acontece quando há uma evidente falta de conhecimento interno sobre um determinado assunto? Quais canais são usados? Normalmente, existem quatro fontes possíveis de inspiração externa: as instituições, as *start-ups*, os parceiros e os outros agentes do setor.

A terceira peça que compõe a base está relacionada com as funções de apoio. Uma boa maneira de verificar a capacidade 4.0 de suas diferentes funções de apoio é medir a distribuição de horas de trabalho entre tarefas transacionais e tarefas de apoio, medir sua capacidade de padronizar seu próprio suporte e, por fim, automatizá-lo, assumindo o papel de *coach* com extrema atenção ao mundo exterior.

Adaptação de comportamentos

A avaliação dos comportamentos pode ser feita durante a observação dos executivos. Essas observações devem se concentrar nas funções de apoio e nas funções básicas em todos os níveis da hierarquia. O que está em jogo aqui é identificar se as atitudes dos executivos condizem com os valores da empresa. Eles são bons modelos, proativos, desafiadores, apoiam o desenvolvimento da equipe, etc.? Uma boa maneira de formar uma opinião sobre isso é participar dos três principais tipos de exercícios gerenciais do setor: avaliação de desempenho, quando se espera que o líder conduza as discussões analisando a ação e transmitindo a visão; uma visita de campo, em que o líder deve verificar se a situação está sob controle para que possa avaliar o que poderia dar errado; e uma sessão de resolução de problemas, em que o líder deve se comportar de maneira horizontal para ajudar a equipe a encontrar as causas raízes dos problemas usando a metodologia correta.

Diagnóstico do aprendizado humano e de máquina por meio de avaliação baseada em competências

O aprendizado humano e de máquina está no centro do teslismo. Para diagnosticar a capacidade de aprendizado de sua organização, você precisa analisar três ingredientes principais separadamente: as competências para se preparar para o futuro da manufatura, as competências para realizar a transformação da organização e, por último, o sistema de desenvolvimento das capacidades.

O conjunto de competências de manufatura para o futuro

Existem dois tipos de competências necessárias para se preparar para o futuro da manufatura: (1) competências tecnológicas e (2) competências não técnicas.

Competências tecnológicas. Para avaliar essas competências fundamentais, primeiro identifique as peças tecnológicas essenciais para adaptar seu modelo de negócios e melhorar sua competitividade. É praticamente impossível adquirir todo o conjunto de competências da Indústria 4.0 internamente; portanto, o gerenciamento de prioridades é muito importante aqui. Depois de identificar a tecnologia-chave que deseja desenvolver internamente, você precisa avaliar as principais unidades operacionais e funções de sua organização e identificar se você tem pessoas ou equipes que sirvam de exemplo para o restante da organização. É bastante comum, por exemplo, uma fábrica ou unidade de produção estar adiantada em relação ao resto da organização porque uma ou duas pessoas "fissuradas" em tecnologia tentaram lançar POCs por conta própria. Seria uma pena não capitalizar esses esforços.

Competências não técnicas. Um estudo encomendado pelo Fórum Econômico Mundial (2018) mostrou que as máquinas terão uma importância crescente no tempo total de trabalho: de 29% do tempo total de trabalho em 2018, passaremos para 52% do tempo de trabalho em 2025. Isso exigirá dos trabalhadores um novo conjunto de competências. Por exemplo, a empatia, a criatividade, as habilidades de análise, a resolução de problemas complexos ou programação serão cada vez mais necessárias, pois a destreza manual, a memória, a escrita ou o cálculo simples se tornarão obsoletos. Quanto mais cedo você adaptar suas equipes a essa mudança significativa, melhor. Antes de avaliar essas competências em sua organização, você precisa garantir que seu processo de contratação e seu processo de avaliação individual incorporem esse novo conjunto de competências.

O conjunto de competências para realizar a transformação dentro da organização

Como todas as grandes mudanças, uma transformação 4.0 deve ser liderada e apoiada por uma equipe e um programas especiais. Se você deseja implementar o teslismo em sua empresa, é preciso se concentrar em, pelo menos, três grandes alavancas de ação.

Conscientização da gestão. É necessário, primeiramente, avaliar a capacidade da equipe de gestão de compreender os desafios e a maturidade da organização diante da Quarta Revolução Industrial. Existe um esforço constante para comparar e, por vezes, visitar empresas que são referência? Os executivos participam de conferências e treinamentos específicos? Existe um programa específico que é reportado diretamente à equipe de gestão? Os líderes são claros quanto à estratégia para tirar proveito das novas tecnologias?

Equipes mistas de TI/operações encarregadas da mudança. Durante a Terceira Revolução Industrial, milhares de equipes de mudança foram criadas para projetar sistemas de produção inspirados no toyotismo. Na maioria das vezes, essas equipes eram compostas por funcionários com formação técnica (engenharia industrial, produção, qualidade, etc.) e treinados para alcançar a melhoria contínua, conforme o modelo Toyota. Para implementar o teslismo, a receita é a mesma, mas a equipe responsável pela transformação também deve ter habilidades de TI e digitais. O *software* tornou-se tão importante que ele deve fazer parte do DNA do sistema produtivo. Portanto, a equipe de mudança deve não apenas implementar o *kaizen*, mas também realizar POCs em campo e ser capaz de codificar ou, pelo menos, usar uma interface de programação de aplicações (API, do inglês *application programming interface*) adequada para ser independente e reativa às demandas dos usuários em campo.

Arquiteto 4.0. A maioria dos *benchmarks* do teslismo afirma que um importante fator de sucesso é contratar ou treinar um recurso interno para coordenar e fornecer a governança do programa. É claro que isso não é específico do teslismo. Nesta nova era, pode ser difícil encontrar alguém com experiência operacional e de TI. Mais uma vez, a chave é a hibridização dos dois mundos. Esse novo tipo de trabalho requer pessoas que possam elaborar e comunicar uma visão clara com a equipe executiva, estimular a organização e garantir que a equipe executiva esteja ciente das questões-chave relacionadas ao programa. Essa pessoa precisará ser capaz de impulsionar essa equipe e o mundo exterior para encontrar as competências necessárias e conduzir o ritmo do programa. Uma das primeiras coisas a fazer ao lançar seu programa é encontrar esse arquiteto, seja dentro de sua equipe de TI ou em sua equipe operacional encarregada da mudança.

Sistema de desenvolvimento de capacidades

Depois de ter uma avaliação clara das competências e dos objetivos definidos, você precisa garantir que a organização saberá como desenvolver suas próprias capacidades. Você precisa avaliar o próprio sistema e sua capacidade de transferir novas competências para a mão de obra. Três aspectos diferentes devem ser diagnosticados.

Conteúdos do treinamento. A lista de treinamentos internos está atualizada? Qual é o processo para atualizá-la? Ela está ligada ao ciclo de melhoria contínua? Como os recursos humanos aproveitam o treinamento e a experiência externa? O *e-learning* e os MOOCs são suficientemente incentivados e acessíveis às equipes? Existe uma combinação adequada entre formação em sala de aula e treinamento prático?

Processo de treinamento. Existe um objetivo pessoal para cada funcionário? Existe um indicador-chave de desempenho para medir melhorias de capacidades nas competências-chave identificadas? Cada gestor identificou um objetivo específico em seu setor e desenhou um plano de treinamento específico para sua equipe? Existe um processo de avaliação contínua para garantir que as competências sejam desenvolvidas e que os funcionários estejam satisfeitos com os cursos e a metodologia?

Tempo de gestão e competências de *coaching*: além de receber treinamento tradicional, a gestão direta deve desenvolver competências para o futuro, que em sua maioria são competências não técnicas. Essas competências são mais bem ensinadas por meio de *feedback* e *coaching* com base em observações de situações reais, mas isso requer mudanças profundas no comportamento gerencial: primeiro, os gerentes de campo devem dedicar tempo todos os dias para esse objetivo específico, e, em segundo lugar, eles mesmos têm de adotar esse comportamento para treinar seus funcionários. Isso significa que a gestão também precisa de treinamento em competências não técnicas para fornecer um bom *feedback* e adaptar sua agenda diariamente, mesmo antes de iniciar o programa.

Competências necessárias

2018	2025
• Destreza manual	• Pensamento analítico
• Memória e habilidade verbal	• Capacidade de aprendizagem
• Capacidade visual e auditiva	• Criatividade
• Gestão financeira e de materiais	• Programação
• Configuração técnica e manutenção	• Pensamento crítico
• Leitura, cálculo, escrita	• Resolução de problemas complexos
• Gestão de RH	• Liderança e influência social
• Controle de qualidade e segurança	• Inteligência emocional

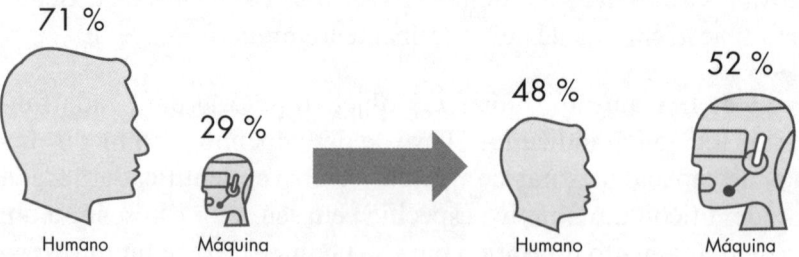

Segmentação humano-máquina # horas trabalhadas

2018: Humano 71% / Máquina 29%
2025: Humano 48% / Máquina 52%

Figura 5.6 Evolução das competências.
Fonte: Fórum Econômico Mundial, Relatório sobre o futuro dos empregos, 2018.

Implementação

Implementação de uma nova maneira de impulsionar o seu negócio como uma start-up

Implementar mudanças estratégicas em seu negócio por meio do digital é claramente uma das alavancas mais impactantes, mas não é a mais fácil de implementar. Você, pessoalmente, precisa investir muito e ser o melhor embaixador dessa abordagem e dos objetivos da jornada.

A verdadeira mudança começa no topo: adapte sua agenda e seu comportamento

Como executivo, há três coisas que ninguém deve questionar ou impor a você: sua agenda, sua mentalidade e seus membros diretos da equipe. O primeiro *storymaking* requer a adaptação de sua agenda para passar mais tempo em campo. Isso significa que, a cada semana, você deve identificar os principais projetos, grupos ou sessões de resolução de problemas dos quais deseja participar. Também envolve decidir diariamente quais postos em sua organização você deseja acompanhar e com quais equipes você deseja fazer *coaching*. A segunda decisão requer alinhar a organização com seus valores e nível de ambição. Se você quer transmitir uma mentalidade como a da Tesla, precisa incentivar o aprendizado em todos os lugares e em todos os momentos: você deve ter coragem de assumir riscos, recusar o *status quo*, aceitar a possibilidade de fracasso, ter humildade quando contestado, ser pragmático e obcecado pela velocidade do progresso, e não pelos esforços necessários para implementá-lo. É claro que, se você deseja transmitir essa cultura ao restante da organização, também deve garantir que sua equipe direta seja guiada pela mesma mentalidade.

Crie uma necessidade externa massiva de mudança

Como já explicamos várias vezes neste livro, definir uma visão inspiradora e comunicá-la ao mundo exterior é um elemento-chave do sucesso, porque isso motiva suas equipes, seus clientes e também seu ecossistema. Como vimos anteriormente, isso pode ser desenvolvido por meio de quatro eixos (fundamentos da empresa, grandes perspectivas, dinâmica de evolução e modo de governança). Se sua visão for robusta o suficiente e seu negócio, flexível o suficiente, você poderá desencadear mudanças sólidas. Contudo, na maioria das grandes organizações existentes, há muitas resistências que reduzem a velocidade da transformação, principalmente se o projeto canibalizar parte da atividade tradicional.

Para evitar essa armadilha, há duas maneiras de reagir: a primeira é contratar um grupo de talentos de *pure players* do digital que estejam muito motivados e transferir para eles um nível de responsabilidade muito alto para que pensem fora da caixa. A outra maneira é fazer um investimento defensivo em concorrentes externos, e, nesse caso, quanto mais cedo, melhor, porque a relação entre investimento e risco será menor.

Esteja obcecado com a experiência do usuário e a capacidade de resposta

Por que a integração é tão importante?

A experiência do usuário não é um conceito de *marketing*. Para transmitir o teslismo a toda a organização, uma possibilidade é alinhar todas as equipes em torno de um objetivo comum, isto é, facilitar a vida de seus clientes diretos, em todas as fases dos processos. Isso significa, por exemplo, que a engenharia se concentrará no desenvolvimento de postos de trabalho ergonômicos. Ao mesmo tempo, todos na empresa estarão focados em desenvolver uma experiência de usuário única e distinta para o cliente final.

Comprar ou desenvolver capacidades internas. Para ser realmente reativo, você precisa desenvolver a capacidade de executar a maioria de seus principais processos internamente, em vez de comprá-los de fornecedores. Para fazer isso, você deve primeiro identificar suas funções básicas que geram valor para os usuários, comparando-as com a necessidade de capacidade de resposta ou de inovação que oferece uma vantagem competitiva em seu mercado. Isso levará à criação de uma matriz (Figura 5.7). Em seguida, você precisa internalizar (fabricar) as funções que são os elementos fundamentais

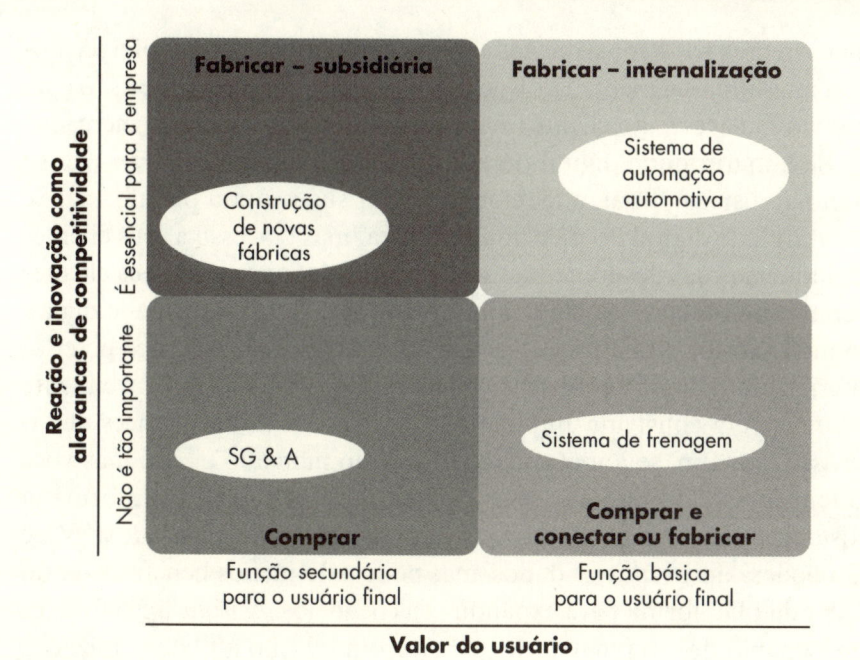

Como implementar o modelo Tesla em sua organização   191

Figura 5.7 Matriz fabricar ou comprar.
Fonte: Opeo.

para os usuários e precisam de capacidade de resposta; criar ou comprar subsidiárias que desempenhem funções que são secundárias para os clientes, mas importantes para a capacidade de resposta da empresa; terceirizar (comprar) funções que são secundárias ao valor do usuário e não precisam de reatividade; e, por último, decidir comprar ou fabricar e conectar as funções que são importantes para os usuários, mas que não exigem uma capacidade de resposta específica do sistema industrial.

Adote uma estratégia de plataformização clara

Na seção anterior, vimos que alguns de seus negócios ou alguns de seus mercados são candidatos à plataformização, pois podem ser disruptados. Depois de identificar esses mercados, a questão-chave é como lançar e alcançar a plataformização. Você deve criar sua própria plataforma, usar uma plataforma existente ou criar alianças com seus clientes e concorrentes para construir uma? Pensando nessa decisão, oferecemos aqui mais uma segmentação, que vai o ajudar a tomar essa decisão com base no seu acesso ao cliente final e na maturidade digital do mercado.

Se a maturidade digital do mercado for baixa e você tiver acesso direto ao usuário final, o melhor será criar sua própria plataforma. Se a maturidade digital do mercado for baixa, mas o acesso a seus clientes for indireto, você deverá tentar construir uma aliança com seus clientes e criar uma plataforma em conjunto com eles. Se a maturidade digital do mercado for alta e você tiver acesso direto ao cliente, você precisará criar uma aliança com seus concorrentes: um deles provavelmente já começou a construir uma plataforma ou tem fortes chances de fazer isso. Por fim, se a maturidade digital do mercado é alta, mas você só tem acesso indireto aos seus clientes, deve usar uma plataforma já existente e simplesmente aproveitá-la para aumentar suas vendas. Você não poderá aproveitar os dados, mas pode pelo menos beneficiar-se do poder da plataforma para expandir seus negócios. A Figura 5.8 fornece um exemplo de uma matriz de decisão com relação à plataformização interna-externa.

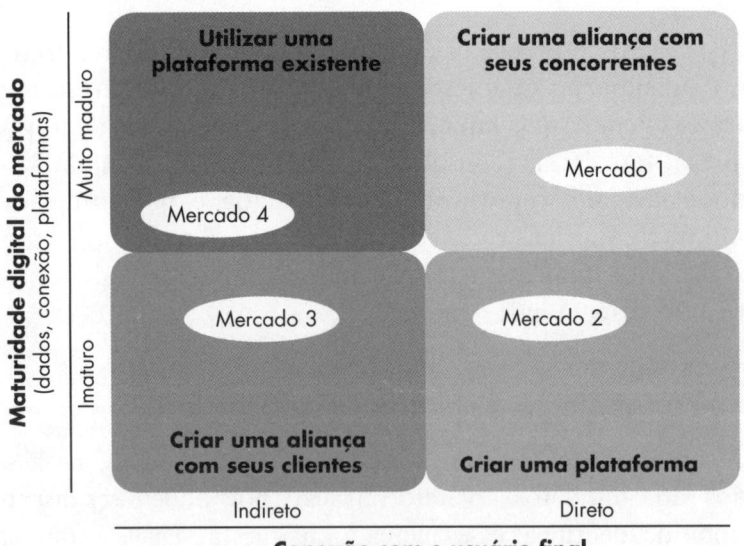

Figura 5.8 Matriz de decisão de plataformização interna-externa.
Fonte: Opeo.

Depois de decidir ou não pela criação de sua própria plataforma, você precisa tomar a difícil decisão de como fazer isso. Existem alguns fatores de sucesso muito importantes que você precisa absolutamente compreender antes de começar.

Equipe. Em primeiro lugar, como vimos anteriormente, é imperativo contratar a equipe certa. Na maioria das vezes, você não conseguirá recrutar essa equipe internamente, pois essas pessoas ficarão na defensiva sobre o risco potencial de canibalização do negócio tradicional. Isso explica por que o Airbnb não foi inventado pela AccorHotels.

Metodologia. É preciso lembrar de cinco questões muito importantes se você quiser criar sua própria plataforma.

- Foque no uso. Você precisa aprender com os usuários em potencial. Os esforços devem voltar-se para pesquisa sobre o usuário nas primeiras semanas de construção de seu negócio. Nesse estágio, a tecnologia não é importante.

- Livre-se das ideias ruins o mais rápido possível. O aprendizado requer mudança e coragem de abandonar ideias que não têm potencial.

- Experimente o conceito antes de configurar suas dimensões. O melhor é dedicar mais tempo experimentando o modelo e o mercado. Não importa se você perder dinheiro, você poderá configurar as dimensões sem ter custos exponenciais (os rendimentos serão exponenciais se você tiver plantado uma boa semente).

- Não se esqueça do número mágico. Iniciar uma plataforma é muito difícil porque você tem de convencer duas partes ao mesmo tempo: os compradores e os vendedores. Em geral, uma das duas partes é mais difícil de convencer. Você precisa se concentrar nela e fazer uma estimativa de quantos usuários (o número mágico) você precisa para iniciar a plataforma. Por exemplo, a parte difícil para o Airbnb foi convencer os anfitriões a alugar sua residência, já que eles tinham receio de estragos feitos por estranhos.

- Faça uma coisa de cada vez. Não tente iniciar um negócio como a Amazon logo de cara. Comece com uma questão e, em seguida, desenvolva-a depois de ter conseguido dimensioná-la.

Implementação de uma versão ampliada de sua organização industrial

Para apoiar o movimento estratégico, é preciso definir uma organização industrial muito robusta. Antes de mais nada, isso significa adaptar a capacidade de sua organização de se transformar muito rapidamente, evitando desperdícios e aproveitando o poder do *software* para mudar os processos operacionais e o sistema de gestão.

Princípio norteador

A implementação da hipermanufatura, da hibridização de *software* e da liderança de *start-up* requer um equilíbrio muito sutil entre o *testar e aprender*, as abordagens da base para o topo e as abordagens do topo para a base mais integradas e urbanizadas, para garantir que a tecnologia ofereça melhorias concretas na competitividade que estejam alinhadas com os objetivos e a missão do negócio. De qualquer forma, uma das chaves do sucesso é realizar esses desenvolvimentos de forma sistêmica, identificando as tecnologias certas a serem implementadas para minimizar os desperdícios. Ao mesmo tempo, você precisa adaptar a organização e os fluxos, fortalecer as competências e gerenciar a mudança para garantir o desenvolvimento dos comportamentos adequados.

Metodologia

Depois de identificar as principais fontes de desperdício em sua organização, um exercício importante será identificar as melhores soluções tecnológicas para o seu caso e comparar o potencial de melhoria com a dificuldade de implementação. Na Quarta Revolução Industrial, a chave é não esperar muito: você precisa aproveitar a energia de sua equipe e começar a implementar POCs muito rapidamente, seguindo uma abordagem de *testar e aprender*. É claro que existe a possibilidade de fracasso, mas o importante é aprender. Uma POC seguirá uma sequência relativamente genérica: identificação de desperdícios; pré-identificação de uma tecnologia; tempo gasto com os usuários para entender completamente suas necessidades e restrições; teste de uma solução personalizada sem tecnologia; melhoria da solução no papel; seguida pela adoção de uma solução ágil com uma mentalidade SCRUM.

Comece pequeno, dimensione rápida e regularmente

É claro que a hipermanufatura não deve ter centenas de soluções concorrentes coexistindo em todas as áreas da empresa. As soluções que são examinadas com uma abordagem de *testar e aprender* em campo devem estar conectadas à arquitetura de TI existente (urbanização do sistema), e todos os processos semelhantes devem se beneficiar de POCs realizadas em outros setores da empresa. É aqui que a integração é fundamental: um recurso específico, isto é, um arquiteto de operações de TI, deve garantir que as melhores soluções sejam qualificadas e implantadas em toda a empresa. Esse recurso também deve priorizar soluções relativas à visão e à estratégia da empresa, propor uma abordagem sistêmica para criar uma interface entre a nova solução e o sistema de produção existente e gerenciar uma equipe híbrida de TI/operações para implementar a solução em cada perímetro de gestão da organização.

Implemente uma nova forma de trabalhar e aprender

Aprender é, acima de tudo, um estado de espírito. Tenha a coragem de arriscar, a humildade de ser desafiado e mantenha-se confiante de que qualquer dificuldade pode ser superada com boa vontade e perseverança. Como você pode criar um ótimo lugar para aprender e trabalhar de forma diferente? A maioria das pessoas pensa que isso é simplesmente impossível de ser feito em um ambiente industrial, embora tenhamos visto que a Tesla e a maioria das empresas da Indústria 4.0 transformaram sua organização enquanto criavam um ambiente inigualável para atrair pessoas e garantir seu desenvolvimento. Na verdade, pode ser que seja até o contrário: é justamente porque essas empresas inovadoras se esforçaram tanto para atrair e garantir a permanência dos talentos que conseguiram se beneficiar do poder das novas tecnologias.

Comece a trabalhar com o mundo exterior

Como dissemos, uma das chaves para criar uma grande mudança na cultura da empresa pode ser contratar um número significativo de funcionários que vêm da esfera digital. É claro que, se você administra uma pequena ou média empresa, isso não é possível. É preciso então ser ágil na forma como a empresa trabalha com o exterior. Comece a executar projetos com especialistas externos em tecnologia, por exemplo, lançando uma POC com um robô colaborativo ou um simples aplicativo de fabricação digital.

Construa um ótimo lugar para aprender

Uma das maneiras de criar mudanças visíveis é investir em um laboratório. Os laboratórios podem despertar o interesse da equipe por novas tecnologias, especialmente se forem abertos e de fácil acesso. Apenas tome cuidado para não superestimar a vantagem desse tipo de iniciativa. Se você construir um laboratório, ele deve estar o mais próximo possível da unidade de produção e as equipes devem se concentrar em projetos concretos, que melhorem as condições de trabalho, a eficiência ou o desempenho gerais. A tecnologia não é um *hobby*, e pouquíssimas pessoas virão ao laboratório aos domingos para testar a impressão 3D. O outro (e talvez ainda mais importante) aspecto de construir um grande espaço de treinamento para criar uma mentalidade de aprendizado está no próprio local de trabalho: invista muito no vestiário de sua equipe, nos banheiros, no refeitório, na cor das paredes, na luz, e em todas as áreas que não são dedicadas ao trabalho. Antes de ter a pretensão de instalar as melhores soluções de tecnologia, você precisa provar para sua equipe que pode criar um ambiente onde eles se sintam bem.

Não tenha medo do aprendizado de máquina e da inteligência artificial

A jornada para o teslismo normalmente começa com a implementação de algumas POCs com robótica avançada ou soluções digitais. A maioria das equipes industriais não se sente confortável com os conceitos de aprendizado de máquina e de inteligência artificial. Existem razões factuais que explicam isso se você não tiver uma infraestrutura robusta para coletar e armazenar seus dados ou análises avançadas para criar novos modelos de negócios ou melhorar a competitividade da organização industrial. No entanto, nossa experiência prova que trabalhar com novas tecnologias é como um esporte: quanto mais você pratica, mais você evolui. Quanto mais cedo você começar a implementar testes básicos com aprendizado de máquina, melhor será sua capacitação. É claro que as competências de inteligência artificial raramente são necessárias, especialmente no campo industrial. O caminho mais rápido para o sucesso é aproveitar a experiência de uma empresa externa. Em indústrias de processo, geralmente há muitas oportunidades de usar melhores parâmetros de prevenção de um risco, de nível de qualidade ou de resultado de desempenho. Basta escolher um e tentar medir, armazenar e analisar os dados para melhorar o desempenho. O investimento é baixo, mas o resultado pode ser grande.

Aproveite o poder do SCRUM e dos métodos ágeis para incutir abordagens *testar e aprender* no DNA da sua empresa

Por fim, treine todas as funções da equipe para operar no modo *testar e aprender*. Para fazer isso, você precisa aproveitar os colegas de equipe mais jovens de sua organização: os nativos digitais têm uma tendência natural de pensar de maneira diferente e melhorar as coisas de maneira iterativa, testando oportunidades com ciclos muito curtos. Isso se aplica não apenas à melhoria contínua da produção digital, mas também à engenharia e à P&D e, de maneira geral, a todos os processos de gerenciamento de projetos, desde que a metodologia seja compartilhada entre todas as partes interessadas do projeto. *Testar e aprender* também é uma ótima maneira de equilibrar as duas extremidades de sua pirâmide etária: use a agilidade dos *millennials* e combine-a com a experiência de seus funcionários mais velhos. Comece com um projeto-piloto, promova a difusão geral dele e, em seguida, implante o método em sua organização. Para ter sucesso, não se esqueça de criar equipes mistas de funcionários da área operacional e de TI.

Conclusão

A Quarta Revolução Industrial é um progresso?

A Quarta Revolução Industrial está em curso. Mas isso é algo bom? Como sempre, é natural questionar as forças motrizes do progresso tecnológico para entender se ele realmente beneficia a humanidade. Em todas as revoluções industriais, a mudança de paradigma é tão significativa que traz tanto oportunidades disruptivas quanto grandes riscos para o desenvolvimento econômico e o bem-estar das pessoas. Além da simples resistência natural à mudança que todos carregamos dentro de nós, é saudável notar que as reações ao fenômeno não são uniformes, pois a transformação associada é eminentemente complexa. A Quarta Revolução Industrial não foge a essa regra.

Primeiro, a economia de funcionalidade é uma grande oportunidade para melhorar o impacto humano no planeta. O aumento do compartilhamento de bens de consumo contribui, por definição, para a diminuição do consumo e, portanto, para a economia dos recursos. Ao mesmo tempo, como não falar dos grandes riscos que esse novo tipo de comportamento representa para setores de atividade inteiros, e suas consequências sobre o emprego, sem falar na dificuldade para o legislador de controlar as receitas fiscais dessas novas atividades por vezes dissociadas da economia tradicional? Como dissemos, o Airbnb é, por exemplo, uma grande oportunidade para o cliente e para o anfitrião, pois permite criar um mercado adicional e, portanto, equilibrar melhor a oferta e a procura, otimizar o parque imobiliário existente e, assim, a longo prazo, reduzir o volume de alojamentos necessários. Por fim, isso facilita os encontros, permite viajar de uma forma diferente, etc. Contudo, o Airbnb tem 25 vezes menos funcionários do que o grupo

AccorHotels. Além disso, as receitas fiscais associadas a uma atividade, baseada na interação direta entre o consumidor e o prestador de habitação, são, por natureza, mais complexas de controlar. De forma mais ampla, isso cria um novo problema, que é o de como criar uma regulação inovadora das plataformas.

Em segundo lugar, a hiperconexão de pessoas, máquinas e produtos é uma grande oportunidade para melhorar nossa qualidade de vida, já que possibilita, por exemplo, poder comprar produtos em "um clique" pela internet, trabalhar remotamente de casa enquanto cuida de seus filhos e evitar deslocamentos graças à videoconferência. Além disso, conexão rima com dados. A abundância de dados permite que os fabricantes inovem cada vez mais para atender melhor às expectativas de seus clientes, cujos usos eles conhecem melhor, e otimizar seus processos de produção para tornar os produtos menos caros. Nesse caso, também, como não se preocupar com uma possível deriva quanto à exploração de dados individuais? Como estabelecer uma fronteira clara entre a vida privada e a vida profissional? Como evitar riscos de segurança digital? Não é fácil encontrar um equilíbrio entre as liberdades individuais e as oportunidades criadas pelas novas tecnologias.

Em terceiro lugar, o progresso exponencial torna possível desenvolver, pela combinação de novas tecnologias, ferramentas que não existiam antes ou desenvolver conceitos que haviam acabado de nascer na Indústria 3.0. Assim, a robótica acabará por tornar o nosso dia a dia muito mais confortável, automatizando muitas tarefas domésticas árduas; a impressão 3D permitirá, sem dúvida, simplificar muito os processos complexos e, assim, reduzir a pegada industrial para o bem maior do planeta, com estratégias de produções locais mais próximas do consumidor. Por fim, esse progresso pode representar uma grande fonte de realização para as novas gerações, que se beneficiarão da aprendizagem contínua de tecnologias em constante evolução. Nesse caso, novamente, esses fenômenos sem dúvida levarão inicialmente a cortes maciços de empregos, antes que uma nova dinâmica de criação seja implementada. Os relatórios sobre essa questão são contraditórios. Por um lado, os países mais robotizados, como a Alemanha (250 robôs/10.000 funcionários), a Coreia do Sul (450 robôs/10.000 funcionários) ou o Japão (350 robôs/10.000 funcionários), têm uma taxa de desemprego muito baixa, o que é muito encorajador. Por outro lado, historicamente, a taxa de geração de empregos do setor industrial é mais fraca do que o crescimento de seu PIB, já que o setor sempre gerou ganhos de produtividade superiores aos demais setores. No final das contas, o progresso tecnológico não necessariamente geraria empregos, ou pelo menos não empregos diretos.

Por fim, a hiperconcentração é, por natureza, um fenômeno divisor. Para quem está "no sistema", ou seja, quem mora em um dos 10 maiores polos mundiais ou em uma megalópole, tem diploma de ensino superior e fala vários idiomas, esse fenômeno é certamente uma oportunidade, já que concentra talentos em poucos lugares do planeta, gerando oportunidades econômicas e pessoais significativas. Para os demais, o fenômeno terá de ser compensado por políticas públicas ou pela vontade dos industriais de não desequilibrar os hipercentros e suas periferias, locais naturais de desenvolvimento da indústria há algumas décadas.

Como fazer com que a balança oscile na direção certa? Como mencionamos, uma revolução industrial é um movimento triplo: econômico, tecnológico e organizacional. O modelo organizacional é um regulador natural de potenciais desequilíbrios ligados às evoluções econômicas e tecnológicas. Ele permite definir uma estrutura de desenvolvimento para as pessoas, para que elas tenham um trabalho gratificante, individual e coletivamente, gerando valor colaborativo para a sociedade. O modelo organizacional é, portanto, uma questão que vai muito além do âmbito econômico; é uma das chaves para que se mantenha o equilíbrio entre as diferentes forças da Quarta Revolução Industrial. Há, no entanto, um grande número de modelos operacionais, que estão intimamente ligados ao setor, à cultura e à trajetória de cada empresa. A pergunta se torna, então, se o teslismo é, realmente, um modelo adequado.

O teslismo é o modelo organizacional certo para a Quarta Revolução Industrial?

Como mostramos ao longo deste livro, o modelo da Tesla é profundamente disruptivo e apresenta uma coerência geral que é sua principal força. Ele propõe um modelo de negócios responsável, eficiente e focado no uso de mobilidade e de energia, que atende perfeitamente aos quatro grandes desafios da Indústria 4.0.

No entanto, o modelo está longe de ser perfeito, a começar pela situação financeira da empresa. No final de 2017, a dívida da Tesla Inc. era equivalente a cinco vezes o patrimônio líquido, e o prejuízo operacional anual foi de US$ 1,9 bilhão, apesar de um crescimento da receita de 55%. Muitos analistas estão fazendo previsões sobre a existência de uma bolha especulativa sobre a avaliação da empresa, que é superior à da Ford ou da Renault, embora tenha vendido apenas 76.000 veículos em 2016 e 100.000 em 2017, contra 10 milhões de seus principais concorrentes.

A situação operacional da empresa atualmente é crítica, uma vez que o aumento da produção do Modelo 3 está mais lento do que o esperado, principalmente devido a dificuldades iniciais de automatização na linha da cadeia cinemática (pelo que sabemos). Elon Musk fez o oposto de outros fabricantes: primeiro automatizou excessivamente, depois retomou postos mais manuais nos quais a automatização não funcionou. Isso inicialmente levou a uma perda de confiança do mercado. Sabemos que ter sucesso nessa primeira aventura de "mercado de massas" é um elemento-chave para a confiança no futuro da marca, que deseja passar de um modelo de luxo para um modelo voltado ao público geral. Como o próprio Elon Musk explica, seu objetivo é fazer de 5 a 10 vezes melhor do que a concorrência, tendo uma linha capaz de liberar um veículo a cada 5 segundos. Se ele conseguir, isso vai eliminar quaisquer dúvidas e representar uma ruptura gigante no mundo automotivo, no qual as melhores linhas do mundo conseguem produzir um veículo a cada 30 segundos em média. Contudo, até que o problema da linha atual seja corrigido, é difícil formar uma opinião sobre o assunto.

No que diz respeito ao clima social, um artigo da *Business Insider*[1] revelou uma alta taxa de acidentes industriais na fábrica de Frémont em 2014 e 2015 (uma das mais altas dos Estados Unidos) e inúmeras reclamações de funcionários sobre o comportamento muito autoritário

---

[1] Julia Carrie Wong, 18 de maio de 2017.

de Elon Musk, o que também acaba gerando uma rotatividade significativa, principalmente entre os engenheiros de desenvolvimento.

Por fim, recentemente, houve críticas em relação à alma do sistema de Elon Musk, ou seja, na razão de ser que ele atribuiu à sua empresa. Pesquisadores do Trancik Lab do Instituto de Tecnologia de Massachusetts (MIT) questionaram a utilidade ecológica dos veículos elétricos da marca, comparando as emissões totais de CO_2 entre o Modelo S e dois outros veículos térmicos ao longo do ciclo de vida desses modelos. Mesmo que os especialistas não tenham chegado a um acordo sobre o assunto — como Damien Ernst, professor da Universidade de Liège[2], que lembra que a emissão total de um veículo elétrico é de 80 g/km contra 115 g/km para um veículo térmico —, a controvérsia provavelmente mancha a própria imagem do projeto de Elon Musk, que é crucial para seu sucesso.

O teslismo: um modelo que vai muito além do caso da Tesla

No entanto, reduzir o teslismo ao modelo da marca Tesla seria um erro. Como mostramos ao longo deste livro, muitas outras vitrines da Indústria 4.0 são referência por seu caráter precursor em um ou mais dos sete princípios que constituem o teslismo. Como diz o próprio Elon Musk, mesmo que seu projeto falhasse, ainda seria um sucesso, já que o que importa, acima de tudo, é a força motriz que ele despertou.

Nos 40 anos que sucederam a Terceira Revolução Industrial, muitas empresas industriais se inspiraram no sistema Toyota, adotando seus princípios-chave, mas adaptando o sistema operacional e gerencial para encaixá-los em sua cultura e seu setor do negócio.

O teslismo tem vocação para se tornar o toyotismo da Quarta Revolução Industrial. Portanto, é hora de refletir sobre a melhor maneira de se inspirar nesse modelo totalmente disruptivo para aproveitar seus pontos fortes, mesmo que isso signifique adaptar o sistema, como milhares de industriais fizeram durante a Terceira Revolução Industrial.

---

[2] Citado em Van Apeldoorn Robert, *Trends-Tendances*, 11 de janeiro de 2018.

Nessa nova era, que traz em si o DNA do progresso exponencial, cada dia conta. Mesmo correndo o risco de cometer um erro, é melhor agir do que esperar. O teslismo não é um fim em si mesmo, mas uma grande fonte de inspiração para entrar com tudo na Indústria 4.0.

Referências

Fontes citadas

"The Future of Manufacturing, 2020 and beyond", *Industry Week*, 2016. BCG, The Robotics Revolution, 2015.

Bpifrance Le Lab, *Dirigeants de PME et ETI face au digital*, 17 de janeiro de 2018.

Deloitte, *2016 Global Manufacturing Competitiveness Index*, 2016.

Fabernovel, *Tesla, Uploading the future*, 2018.

Guilluy Christophe, *La France périphérique*, Flammarion, 2014.

Idate, *Digiworld Yearbook 2017*, junho de 2017.

Liker Jeffrey, "Tesla vs. TPS: Seeking the Soul in the New Machine", *The Lean Post*, 2 de março de 2018.

McKinsey Global Institute, *Manufacturing the Future: The next era of global growth and innovation*, novembro de 2012.

Parker Geoffrey G., Van Alstyne Marshall W., Choudary Sangeet Paul, *Platform Revolution*, W. W. Norton & Company, 2016.

PwC, *21st CEO Survey*, 2018.

PwC, *Global Industry 4.0 Survey*, 2016.

Valentin Michaël, *The Smart Way. Excellence opérationnelle, profiter de l'industrie du futur pour transformer nos usines en pépites*, Lignes de Repères, 2017.

Valentin Michaël, Renan Devillière, *OK Google, dessine-moi une licorne à cheminée*, Éditions de la Châtaigneraie, 2019.

Vance Ashlee, *Elon Musk. Tesla, Paypal, SpaceX: l'entrepreneur qui va changer le monde*, Eyrolles, 2016.

Veltz Pierre, *La Société hyperindustrielle*, La République des idées, Seuil, 2017.

Womack James P., Jones Daniel T., Roos Daniel, *The Machine That Changed the World*, Free Press, 1990.

Bibliografia recomendada

Blanchet Max, *Industrie 4.0, nouvelle donne industrielle, nouveau modèle économique*, Lignes de Repères, 2016.

Blanchet Max, *L'Industrie France décomplexée*, Lignes de Repères, 2013.

Brynjolfsson Erik, McAfee Andrew, *Le Deuxième Âge de la machine*, Odile Jacob, 2015.

Cohen Daniel, *Le Monde est clos et le désir infini*, Albin Michel, 2015.

Drew John, McCallum Blair, Roggenhofer Stefan, *Journey to Lean*, Palgrave McMillan, 2004.

Frison Anton, *Impact of Industry 4.0 on Lean Methods*, auto-édité, 2015.

Ganascia Jean-Gabriel, *Le Mythe de la singularité*, Le Seuil, 2017.

Getz Isaac, Carney Brian M., *Liberté & compagnie*, Fayard, 2012.

Kohler Dorothée, Weisz Jean Daniel, *Industrie 4.0, les défis de la transformation numérique du modèle industriel allemand*, La Documentation française, 2016.

Mayer-Schonberger Viktor, Cukier Kenneth, *Big Data: la révolution des données est en marche*, Robert Laffont, 2014.

Naccache Lionel, *L'Homme réseau-nable*, Odile Jacob, 2015.

Piketty Thomas, *Le Capital au XXIe siècle*, Le Seuil, 2013.

Rock David, *Votre Cerveau au bureau*, InterEditions, 2013.

Ross Alec, *Les Industries du futur*, FYP Editions, 2018.

Rudelle Jean-Baptiste, *On m'avait dit que c'était impossible*, Stock, 2015.

Schmidt Eric, Cohen Jared, *The New Digital Age*, John Murray, 2013.

Schwab Klaus, *La Quatrième Révolution industrielle*, Dunod, 2017.

Tirole Jean, *Économie du bien commun*, Puf, 2016.

Índice

A

AccorHotels 122, 270
agilidade 26, 46, 49
AGV *Ver* Automatic Guided Vehicle 50
Airbnb 121, 122, 130, 270
ALFI Technologies 155
Amazon 74
Andon 51, 169
Apple 73, 82, 129
aprendizado de máquina 101
automatização 12, 56, 96

B

Bosch 125, 202
burocracia 55, 60

C

cadeia de suprimentos 15, 17, 72, 76, 81, 126, 127
capacidade de resposta 26
certo na primeira vez 18, 45, 49
Chrysler 34
cliente
   relacionamento com o 101, 131
cobots 22
consumo excessivo 53

D

dados 53, 76, 102, 117, 121, 122, 176, 209, 270
Dassault Systèmes 125
design thinking 128, 197
desintermediação 116, 118
desperdícios 46

E

economia
   circular 48, 78
   de funcionalidade 38, 98, 197, 269
ecossistema 27, 48, 78, 129, 194, 213
EDI 75, 127
Elon Musk 6, 42, 43, 57, 58, 59, 61, 79, 81, 82, 83, 104, 105, 129, 130, 148, 149, 150, 152, 154, 178, 179, 199, 200, 274, 275
especialização de tarefas 12
ERP 17, 22, 96

F

fabless 16
Facebook 146
fluxo 121
   contínuo 49, 51
   de informação 51, 127, 213
   físico 97, 127, 213
   pulsado 119, 154
   puxado 97, 119
Ford 6, 34, 71, 131, 273
fordismo 5, 12, 25, 32, 33, 166, 167

G

GAFA 5, 23, 95
GE 133
General Motors 6, 34, 44, 83
gestão visual 97, 170
Gigafactory 58, 62, 199
Google 82, 116

H
hibridização de *software* 104, 135, 193, 213
hierarquia 60, 167
hiperconcentração 26
hiperconexão 25
hipermanufatura 43, 59, 202, 213

I
impressão 3D 51, 99, 196, 271
Indústria 4.0 2, 36, 127
indústria do futuro 3, 5, 147, 192, 195, 216
integração
   horizontal 70, 76
   periférica 78
   tecnológica 77
   vertical 70, 75
integração transversal 71, 74, 214
inteligência
   artificial 56, 101, 190, 212
   coletiva 164
internalização 81
IoT 42, 50, 51, 169, 209

J
jidoka Ver certo na primeira vez 45
just in time 33, 44, 46

K
kaizen 165, 166, 170, 197
kamishibai Ver gestão visual 170
Kimberly Clark 63

L
lean management 97
lean manufacturing 9, 18, 33, 43, 44, 202
liderança 164, 168, 170, 213
lote unitário 49, 60
Luxor Lighting 138

M
manufatura aditiva *Ver* impressão 3D
Marte
   grupo 221
   planeta 152
métodos ágeis 50, 52, 77
Michelin 216
modelagem 99
modelo organizacional 32, 33
Moore
   Lei de 12, 26

N
Nummi 44, 83

P
pegada de carbono 47
periferias 20
plataformas 104, 116, 117, 122, 123, 124, 126, 128, 129, 130, 270
POC 170
PSA 149
pure player 5, 23, 62, 73, 154

R
redes
   efeito de 116, 117, 127
   sociais 19, 47, 94, 121, 147
Renault 6, 149, 273
Revolução Industrial 30
   Primeira 10, 11, 32
   Segunda 11, 32
   Terceira 14, 33
   Quarta 25, 29, 33
robotização 42, 50, 96, 271

S
SAP 125
SEW-Usocome 84
Siemens 125
silos 54, 64, 78
simplicidade 46, 47, 52, 58, 59
simulação 99
Socomec 106
SolarCity 80, 106, 129
SpaceX 79, 81, 106, 153, 200
sprint 50
start-up 3, 6, 29, 62, 81, 164, 221
storymaking 144, 151, 199, 214
storytelling 144

T

taylorismo 25, 32, 191
Tesla 44, 57, 61, 79, 103, 129, 147, 150, 178, 199, 215, 216, 273, 275
teslismo 6, 34, 36, 144, 148, 154, 212, 215, 273, 275, 276
testar e aprender 50, 175, 197, 198, 200, 213
Thyssenkrupp Presta France 180
Toyota 5, 44, 62, 83, 105, 165
toyotismo 18, 25, 33, 44, 45, 72, 165, 166, 167, 276
transparência 19, 47

U

Uber 121, 130
uso
    valor de 27, 74

V

valor colaborativo 42, 46, 52, 55, 56, 57, 60, 61, 73, 272
visualização 99